学生力を高める
eポートフォリオ

成功への再始動

松葉龍一・小村道昭 編著

東京電機大学出版局

はじめに

　本書は，先に刊行された『大学力を高める e ポートフォリオ――エビデンスに基づく教育の質保証をめざして 』（東京電機大学出版局，2012）の続巻として企画された。そのきっかけは，本書の執筆・編者の 1 人である小村道昭（（株）EMIT ジャパン代表取締役）が，顧客の多くから寄せられた，e ポートフォリオ活用事例，海外機関における e ポートフォリオ導入・活用の成功事例についての情報が欲しいという要望に応え，海外の先進・成功事例の紹介本を作りたいとの希望を持ったのが企画の始まりである。当初は，その希望に沿い，海外の先進事例，成功事例を集め，先進組織からの寄稿の翻訳をまとめた書籍を考えていた。しかし，その後の調査や，国内の e ポートフォリオ実践者・システム管理者らの現場の声から，国内の組織で e ポートフォリオ導入・実践に現状で成功している組織はほとんどなく，関係者は皆同じ悩みを抱えていることがわかった。そこで，海外の先進事例，成功事例ではなく，その悩み，失敗事例を共有し，今後の成功につなげるためのアイディア，（導入に失敗した）先達の学びを，e ポートフォリオの導入を検討している組織，運用に不満を持ち改善を目指している組織に提供することへと目的を変更した。その主旨（野望と言ってもよいかもしれない）に賛同した本書の執筆・編者が企画，検討に加わり本書の作成に至った。

　本書は，ある種のソリューションコンサルティングを目指しているが，正答，つまり，こうすれば e ポートフォリオの導入，利用に成功するということは一切触れていない。本書の各章の視点はあくまでも「失敗しないため」「現状での失敗を受け止め，今後の成功を目指すため」のものである。そのため，本書を手に取られた諸氏，特に，e ポートフォリオシステムや教育関連システムの導入・管

理運営に携わっている諸氏にとっては耳の痛い話題を含んでいることと思うが，"Learning by Doing" の精神に基づき，本書を利用して，これまでの実践を振り返り（リフレクション），改善・改修点を見つけ今後の発展を目指してほしい。

　本書の企画・制作にあたり，e ポートフォリオ教育・実践の先進・成功組織に属する海外の実践者に依頼し，これまでの経験，組織として成功するために実践・トライしてきた事項に関する寄稿を受けた。寄稿文はすべて，日本国内の実践者，今後の導入予定者に向けて，これまで e ポートフォリオ実践における彼らの苦役，トライ＆エラーにより修得した知見や視点，アドバイスが記述してあるのでぜひ参考にしてほしい。第 4 章から第 6 章はそれらの訳出である。訳文は執筆・編者が，英文に不慣れな読者の一助になればと考えて訳出したものであるが，試訳（"超" 意訳）であることを理解したうえでの笑覧をお願いする。寄稿文の原文は e ポートフォリオ・コンサルティングのウェブサイト [1] に掲載してあるので，訳文で大意をつかまれた後は，ぜひ，原文に触れ，読了していただきたい。原文には，我々が訳しきれなかった，e ポートフォリオは学生のより深い学び（deep learning）に役立ち，学生の成功を助けるという執筆者の熱い思いが込められている。それに触れることで読者各位の教育への熱意を強く加速するものと考える。

　本書の発刊にあたり，東京電機大学出版局ならびに，編集の労をとっていただいた同社編集課・坂元真理氏に改めて感謝を申し上げます。加えて，各自の苦労，組織の抱える問題点，悩み，苦情などを忌憚なく我々に伝えていただいた「ポートフォリオ座談会」の参加者各位，ならびに，我々へポートフォリオラーニングの意義を教え，導いてくれた海外先進組織に所属する知人，友人へも心から感謝の念を捧げます。

　本書が今後の国内の e ポートフォリオ，ICT 活用教育の促進，実践啓蒙の一石になり得ることを期待して。

編者・著者一同

目次

第1章　日本の高等教育機関における課題
　　　　──eポートフォリオ実践を通して見えてきたもの ···················1
　　1.1　はじめに　1
　　1.2　手段を目的にしていないか　3
　　1.3　目的を共有できているか　4
　　1.4　運用方針を固めているか　6
　　1.5　まとめに代えて　8

第2章　eポートフォリオシステムの要件定義と学習活動 ···············10
　　2.1　導入プロセスでの大学の役割と落とし穴　10
　　2.2　要件定義　13
　　2.3　eポートフォリオをここから始めよう　17
　　2.4　本当に必要なシステム　22

コーヒーブレイク1　ある大学でのシステム導入事例 ·····························23

第3章　あなたの大学に必要なeポートフォリオとは
　　　　──eポートフォリオ診断と構築レシピ ·······························27
　　3.1　はじめに　27
　　3.2　eポートフォリオの導入目的を明確にする　28
　　3.3　eポートフォリオに必要な機能を明確にする支援：
　　　　　eポートフォリオシステムは必要か？　34

3.4 ポートフォリオ設計の支援　38

3.5 最後に　43

コーヒーブレイク 2　e ポートフォリオとルーブリック …………………44

第 4 章　ピアチュータリングプログラムにおけるポートフォリオ実践 ……48

4.1 はじめに　48

4.2 ポートフォリオ実践方略　51

4.3 学生視点でのチューター活動におけるポートフォリオ利用　52

4.4 技術的考察：ポートフォリオに"e"を加えるために　54

4.5 改善点　55

4.6 まとめ　56

コーヒーブレイク 3　企業視点からの e ポートフォリオへの期待 …………57

第 5 章　e ポートフォリオ主導の学習を成功に導くための"ひけつ"
　　　　──21 世紀型スキルの促進とともに………………………………65

5.1 はじめに　65

5.2 6 つの"ひけつ"　66

5.3 まとめ　72

コーヒーブレイク 4　e ポートフォリオは真正な学びと評価を与える？……74

第 6 章　成功へのプランニング ………………………………………………77

6.1 はじめに　77

6.2 e ポートフォリオ実践を成功するための十か条　78

6.3 e ポートフォリオ実践の成果を上げるために　86

6.4 成功する e ポートフォリオプロジェクトとは　87

6.5 まとめ　91

コーヒーブレイク5　北米からの直輸入は成功するのか？ ····················· 93

第7章　eポートフォリオとの折り合いこそ処世の道
　　　　──実践に立ちはだかる壁を乗り越える ························· 96
　　7.1　はじめに　96
　　7.2　壁を乗り越えるためのQ&A　97
　　7.3　実践するにあたって心に留めておきたいこと　113

コーヒーブレイク6　ワークスペースからショーケースへの連携
　　　　──企業と大学の思惑の違い ···························· 116

第8章　eポートフォリオの将来展望
　　　　──フラット化する世界への処方箋 ···················· 121
　　8.1　大学入試と大学教育の変化　121
　　8.2　高校教育の視点から　123
　　8.3　知識偏重からの脱皮　126
　　8.4　信用には金銭的価値がある　128
　　8.5　組織の評価から個の評価へ　129
　　8.6　すべての人や物が質保証を必要とする時代へ　130

むすびにかえて──教科書から実践への祈りを込めて ··················· 132
注 ··· 134
参考文献 ··· 139
索引 ··· 144
執筆者紹介 ··· 148

第1章 ▶ ▶▶▶

日本の高等教育機関における課題
──eポートフォリオ実践を通して見えてきたもの

1.1 はじめに

国内の大学・高等教育機関における教育の情報化（情報通信技術：ICTの教育利用）の潮流は，高等教育施策と深く関係しており，ここ数年は，「eポートフォリオ」という言葉がキーワードの1つになっている[1]。平成14年度中央教育審議会答申「大学の質保証に係わる新たなシステムの構築について」と呼応し[2]，平成15年度「大学教育改革プログラム」にはじまる教育改革・改善のための財政支援，補助金事業が開始された。各教育機関は組織全体，学部・学科など，様々な規模で，組織の特色を活かした教育実践プログラムを矢継ぎ早に打ち出し，インターネット，ICTを活用する学習支援環境の導入・整備をそれらの補助金などを利用して急速に進めた。平成14年度答申から10余年が経過し，ICTを活用した教育の提供は多くの組織において根付き，活用されるようになっている。

平成24年度答申「新たな未来を築くための大学教育の質的転換に向けて～生涯学び続け，主体的に考える力を育成する大学へ～」では，学習成果の評価に関して，学修ポートフォリオに関する直接的な言及，「学修ポートフォリオを活用することは大学が速やかに取り組んでいくべき」との記述がある[2]。近年の大学・高等教育機関におけるeポートフォリオシステム[1)]の急速な導入は，この施策を背景・要因とするものであることは間違いないが，同時に，eポートフォリオシステムの重要性に対する認識の高まりであるとも言える。大学教育の質保証をキーワードに，ディプロマ／カリキュラム／アドミッション各ポリシーの制定，学習評価の厳正化，教育内容の公表，教育改善のためのプラン策定と実践など，

1.1 はじめに　1

以前と比較し，高等教育機関の社会に対する説明責任，公開すべき情報は増大している。それらの説明には根拠となる情報（データ）が必要であり，その基礎データとしての教育・学習関連情報の蓄積と可視化が必須になったためである[2]。加えて，教員の役割が以前とは変わったこともその要因と考える。教育の情報化により，教員が全責任を負い学生の学びをコントロールするという教育観／教育システムから，教育システムの中心は学生であり，教員は学生の学びを助ける支援者であるというシステムへと変わった。この学習者中心の教育システムでは，学びの評価は，学習成果物や学習履歴など，学習活動を通して学生が修得してきた知識と技術を多面的にとらえて行われるべきとの考えが主流であり，そのためのICT支援環境としては，eポートフォリオシステムが適切と考えられるようになったためである。社会人基礎力，エンプロイアビリティの獲得が社会的に重要視される中で[3]，自律的な学びと到達度確認，到達目標の再調整などの学習プロセスによる学びの訓練および，その訓練環境の提供も大学・高等教育機関には求められており，それらの要因，状況が相まってeポートフォリオシステムの導入が進んだものと考える。

国内におけるeポートフォリオシステム利用の実状を知るために，同システムを導入し，実践・運用している組織の関係者へ，運用の現状，組織として抱える問題点，クリアすべき課題点などについてのアンケート／聞き取り調査を行った。運用に関する現状として多く寄せられた回答は次のようである（類似回答も含む）。

- 補助金などの予算措置に合わせてシステムは導入できたが利用者（教員や学生）は増えていない
- サポートなどに問題を抱えシステム活用ができない
- 運用資金が枯渇し利用を断念した
- 導入システムが複雑すぎて利用しづらい
- 望む機能がなくて使えない
- 改修したいが予算の確保ができない
- 予算申請書類に記述していたので導入だけは行った

この結果を自然に受け入れれば，eポートフォリオ導入と運用が完全に成功し

ている組織はほとんどなく，同様の問題点を多くの組織が抱えていると考えられる。本章では，上述のアンケート調査などを踏まえ，e ポートフォリオシステムを含む教育関連システムの導入・運用から見えてきた日本の大学・高等教育機関が持つ課題を再確認し，今後の改善や次期 ICT 活用システムの導入の際に，留意・検討すべき事項をまとめる。

1.2 手段を目的にしていないか

　e ポートフォリオシステムを含む教育関連システムの導入に際しては，組織内で導入目的などの検討を経て進められるのが普通であるが，大局的に見れば，「何に使うのか」「どうやって使うのか」という学習デザインについて，組織としての意思を詰め切らず，予算執行のための「システム購入」になっていることが多いように見受けられる。当然であるが，教育システムを導入（購入）することが目的でなく，組織の持つ課題の解消や教育と関連した目標の達成が目的であり，教育システムの導入・利用はそのための手段（道具）にすぎない[3]。

　一般に，新たな教育システムを導入する際には，教職，事務職，技術職からなる委員会やワーキンググループなどのタスクフォースが組織され，導入目的やシステム与件等々が議論，決定される[4]。e ポートフォリオシステムの導入においてもそれは同様であり，タスクフォース内で，「何に」「どうやって」の検討を真摯に行い，利用者の立場に合わせ有用となる機能，特徴，イメージを取り上げ，それを可能にするシステムを導入しようとする。ある程度大きな予算を割き導入するならば，より良いシステムを導入したいと考えるのは当然で，その実現に向けた意欲的な意見が出され，ときには理想論が噴出するといったこともよく聞く。これは導入目的・運用方針の明確化に向けた非常に良い取り組みであるが，往々にして，主に時間的制約のために[5]この議論は収束を見ず，導入システムの方向性だけを固め，組織としての導入目的，運用方針の明確化，意思統一は導入後に検討するとの名目でしばしば後回しにされている[6]。言い換えれば，導入する e ポートフォリオシステムの利用イメージに対する組織内での差異，あいまいさ

は解消されないままで放置される[7]。その結果，明確な導入システムの与件・仕様のない，本当に組織にとって必要な設計のなされていないシステムを単に「購入」することになり，使われないシステムが組織内にまた1つ増えることになる。それは組織の目指す教育実践・改善に役立たないだけでなく足かせにさえなっている[8]。組織の要求を満たさないシステムであるために，利用者は増えず，利用率も上がらない。しかし，組織として，事業途中もしくは終了後に実施される評価（中間評価，外部評価）におけるマイナス評価は絶対に避けなくてはならず[9]，そのために，利用率の向上だけを目的として人的リソースを投入し，その結果，本来の目的である教育実践・改善のために必要とされる人的リソースを割けなくなるという負の循環を招いているように見受けられる。

1.3　目的を共有できているか

eポートフォリオシステム導入のメリットについて，大学関係者に質問すると，
- eポートフォリオというものは学生指導に使うものである
- 組織評価に役立つものである
- 学びの助けになるものである
- eポートフォリオというシステムを導入すれば授業や業務がラクになる

だから導入する（したい）との回答がよく寄せられる。どれもeポートフォリオシステムが持つ特徴であり認識としては間違ってはいない。これらeポートフォリオシステムに対するイメージ（思い込み）[10]と，関連する既有知識の差異が，組織の構成員（ステークホルダー）の立場ごとにあるのは当然であり，その集約もしくは，統一は基本的には不可能である。

それゆえ，すべてのステークホルダーのイメージ，希望を満たすシステム導入は無理であるとの立場に立ち，eポートフォリオシステムに対する与件・仕様を固める際に，導入目的を絞り込み，決め打つことが重要である。加えて，組織の教育目標と戦略に沿い，組織として「なぜ」eポートフォリオが必要なのかの導入目的を，組織管理者がトップダウン的な意思表示により示し，構成員間で共有

することも重要である。アンケートに寄せられた，

- 学内構成員が e ポートフォリオの重要性／有用性を理解してくれない
- 学生の学びにどう役立たせるか（履修プロセスにどのように組み入れるべきか）わからない
- e ポートフォリオに様々な機能を持たせたため教職員の間で混乱が起きている

といった回答は，上記の欠如のために起こっており，解消策はこの手法を取るのが最も効率が良い。タスクフォース（システム導入時ならばシステム選定メンバー，導入後ならば運用チーム，もしくはシステム管理者）の役割は，導入する（した）e ポートフォリオシステムを「何に」利用するのかの案を策定し，組織の管理者に示すことである。どのような e ポートフォリオシステムを導入したとしても，共通に持つ機能は，学生の学習活動に付随する学習成果物や学習履歴などのデータの保存なので，検討視点は，その保存データを具体的に「どのように」ユーザ（教員や学生）に提示するのかを検討し，目標達成のために本当に必要な提示方法を決め打つことを求められているのだと考えてよい[11]。

　組織の教育目的と合致するデータ提示方法，教員／学生に追加的負担を求めず双方が自然と学習成果に向かう，学生が主体的・自律的な「学習者」となるよう促すような仕組み，情報提示の方法などの検討・提供が多くの組織から望まれている。実際，現在，知りたい情報についての調査回答には，利用の習慣をつけさせる手法，振り返りを促進させる手法，e ポートフォリオの利用による効果を示す評価基準などが挙がっている。残念ながらこれらへの明確な回答，確実な実践手法はない。これらは，ポートフォリオを利用する教育実践者，e ポートフォリオシステムの管理者が抱える共通の命題であり，国内外で様々な検討，アイディアに基づく実践がなされ続けている。実践情報，有用な知見を収集・検討し，試行実践を繰り返すことが，地道ではあるが最良な経路と考える。そのためには，組織，国籍を超えた連携，情報共有が必要である。

1.4　運用方針を固めているか

　教育関連システムを導入・利活用するうえで，システム運用の安定性と継続性，そのための人的・予算的リソース確保，人的・システム的サポートに関する組織の指針統一は避けて通れない。これらは組織の教育戦略，eポートフォリオ利用戦略と密接に関係する。予算を含むリソース確保と教育戦略の維持・継続性が明確になっていない点，導入システムの安定運用のための人的・システム的サポートが不十分な点が，次のアンケート回答となって現れていると考える。

- ポートフォリオの普及を図るための学内の組織，仲間，支援者作りに失敗した
- 複雑で膨大な作業を学生にも教員にも求めることになった
- システムの運用には，刻々と進化する情報処理機器に対応できる知識・技術を持った者のサポートが必要
- 管理者側も負担（感）が多くなる
- システムが使いにくいと感じると以降使用しないユーザが多いので，日々の迅速な改善・改修対応が必要
- プロジェクト（予算措置）終了後の管理運営体制の引き継ぎができていない

　予算の確保と継続的サポートに関する課題は簡単には解決できる問題ではないことは十分に理解しているが，それらの有無が安定的なシステム運用の可否を決定し，ひいては教育戦略の良否，教育目標の達成の可否へと結びついているのも事実である。

　組織としての教育戦略の維持・継続は非常に重要である。eポートフォリオシステム，教育関連システムの導入は，より良い教育を提供し，効果・効率の良い学びを支援するためであり，当然その背景には，組織の掲げる教育目標を達成し，社会の期待する人材を輩出するという目的がある。しかし，アンケート結果では，次に類する回答が散見される；

- 教育／学習目標の達成を支援するツールのはずが，そもそも教育の目標や達成すべき到達点が明確になっていない

- 組織としてまだ e ポートフォリオを有効活用できる教育システムを構築できていない
- 執行部の交代により組織の教育方針が大きく転換し，導入したシステムとは別のツールが必要になった

　上述のとおり，国内のほぼすべての大学・高等教育機関は，ディプロマポリシー，カリキュラムポリシー，アドミッションポリシーを策定し公開している。各組織が十分な実行力をそれらに持たせ運用しているならば，このような回答が出されることはない[12]。公開されている3ポリシーを眺めてみると，多くの場合に共通する2つのことに気づく。1つは出口からの質保証の観点に立って，3つのポリシーが有機的に連携するかたちになっていない。出口，つまり，ディプロマポリシーを満たす人材を輩出するためのカリキュラム／教育内容の構築，設定したカリキュラムにより学びを実行できる人材の確保（入学選抜試験の実施）を想定したカリキュラム，アドミッションポリシーの策定がなされておらず，あたかもそれぞれが独立したものとして読み取れる。もう1つは，各ポリシーに合わせた行動目標と，目標到達に対する評価基準の策定，公開がないことである。組織の教育戦略の成否は，輩出した人材が自組織の教育において身につけた知識とスキルを社会へ公開（提供）することにより計られる。当然であるが，ポリシーは単なる方針でしかなく，目標実現に向け，戦略（ストラテジ）と戦術（タクティクス）を立て実行しなくてはならない。輩出したい人材の育成のためには，何が必要で，どうあるべきか，そのためには何をどうすべきで必要なもの（道具や人材，予算など）は何かを十分に検討し，教育戦略を打ち出す必要がある。それと同時に，行動目標を実現できたかどうかを評価する基準を設定したうえで教育戦術（カリキュラム／教授方略）を立て学生へ提供する必要がある。それにより，学生は，自身の到達度を確認しつつ，出口（卒業）に向かい最短かつ，効率良く学びを進め，出口において，学生自身が，何を理解できるようになったのかを自己表現できるようになるものでなくてはならない。教育関連システム導入は，そのための必要経費であり[13]，初期予算投入（システム導入）後の組織事情の変化（例えば，管理体制の交代）により簡単に変更できないものであることを十分に認識

しておく必要がある。それまでのシステム利用，教育実践の効果／成果を検証しないままで方針転換を行う，蓄積したデータ，実践により得た知見や技術を埋没させるような事態が最もあってはならないことである[14]。

1.5　まとめに代えて

　本章では，eポートフォリオシステムを含む教育関連システムの導入から見えてきた日本の大学・高等教育機関が潜在的に持つと考えられる課題を取り上げ，今後のeポートフォリオシステム運用の改善やICT活用システムの導入時において留意，検討すべき事項としてまとめた。取り上げた課題の具体的な解決手法などについては本章では述べていない。それらについては，後章で述べられる事項，知見を参考に，各位が自組織に合うかたちで検討を進め実践に移してほしい。もちろん，それらの実践は一朝一夕には達成できないし，単一組織ですべての知見と技術を確立できるものでもない。海外のeポートフォリオ利用の先進組織においてもそれは同様であり，いまも試行錯誤が繰り返されている。先に述べたように，eポートフォリオ導入と運用を完全に成功していると言い切れる組織は国内にはまだなく，類似した課題を多くの組織が抱え，同じような失敗を繰り返している。必要な知見，有用な情報を共有し合うこと，海外の先進組織の活用，成功事例を吸収することに加え，失敗事例を共有し，その問題点を明確にし合うことが現状からの脱却，今後の成功につながると考える。最後に，本章で述べた留意点を再掲する；

- システム導入に際しては予算執行ありきで事を進めてはならない。なぜ必要なのか，何に使うのか，どうやって使うのかといったシステム導入の目的と運用方針の明確化，その情報共有を後回しにしてはならない。
- システムの維持と安定運用のために，一定数の専門的知識を持つ人材（人的リソース）と，システム運用予算（金銭的リソース）の確保に努め，システム導入目的の達成に向けた人的・システム的サポートを継続すること。
- 組織としての教育戦略の維持・継続の重要性を理解し，組織の管理・運用体

制の交代などにより，それまでの実践成果，運用上の課題などの検証を行わないままで方針を転換し，蓄積したデータや知見，技術を埋没させてはならない。

第2章

▶ ▶▶▶

eポートフォリオシステムの
要件定義と学習活動

2.1 導入プロセスでの大学の役割と落とし穴

　大学教育の質保証への取り組みの1つとして，eポートフォリオシステムを導入した，もしくは導入を検討している大学は多い。しかし，eポートフォリオ活用に関するグッドプラクティスと呼べるような取り組みはまだまだ少なく，eポートフォリオシステムを導入してもあまり利用されていないケースも多く聞く。これは，システム開発における要件定義と業務要件，つまりシステムで利用可能な機能と実際の学習活動との乖離が1つの原因であると推測する。一般的なシステム導入プロセスで最初に行うことは，要件定義である（図2-1）。要件定義とは，システムやソフトウェアの開発において，実装すべき機能や満たすべき性能などを明確にしていく作業のことであり，システムにどんな機能が必要なのか，性能はどの程度必要なのかを定義して，システム設計の出発となる重要な工程である。eポートフォリオの導入に際しても，その目的を明確にし，学習活動を具体的に想定するという手順を確実に踏むことが，組織にとって必要とされるシステム導入につながる。要件定義ができれば，どのパッケージ製品でその要件が実現できるのか，どの程度カスタマイズすればよいか，またはどのような機能を開発すればよいかといった方針を立てることが可能となり，大学で開発するのか，業務委託するのかといった判断が可能となる[1]。図2-1に示した大学が主導で進める範囲において，そこに潜む落とし穴を以下に紹介する。

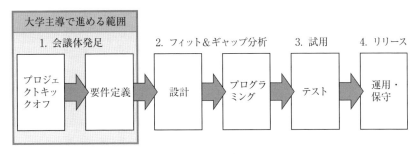

図2-1　システムの導入プロセス

落とし穴1：様々なタイプのeポートフォリオを要件に盛り込む

　大学などでのシステム導入案件では，学内で委員会やプロジェクトなどの会議体を立ち上げ，そのメンバーで必要なeポートフォリオシステムを議論するのが通常であろう。しかし，eポートフォリオと一言で言っても様々なタイプがあり，メンバー各々の思い描くeポートフォリオもまた様々である。そのため，なかなか要件が定まらない，メンバー各々の要望を組み入れた要件定義をしたために，機能が盛りだくさんとなり，システムは複雑化し，結果的に活用しきれない，予算的に維持できないということもしばしば起こる。

落とし穴2：手段の目的化

　補助金や競争的資金などの予算獲得に際し，申請書類にeポートフォリオシステムの導入が計画されていても，実際に具体的に導入したいシステムを議論するのは，予算獲得に成功してからというのが多くの場合であろう。このような場合，学部や大学全体，ある取り組みなどプログラム単位の規模での導入が考えられ，学内に導入委員会のような会議体を設置することが一般的である。科学研究費のような一部基金化された研究予算であれば，研究計画の進捗や執行状況に合わせて年度をまたいだ柔軟な執行が可能であるが，その他の補助金や競争的資金は，単年度決算が通常である。そのため，予算を獲得し，学内にやっとシステムを導

図 2-2　導入が目的化したシステム選定

入するための委員会が立ち上がったころには，e ポートフォリオシステムの要件定義やシステム設計を取りまとめ，年度内に導入を完了するだけの期間がすでに足りないこともしばしばだと予想する。そのため，本来，学生や教員にとっての学習・教育を促進するための手段として e ポートフォリオシステムを導入するはずだったが，いつの間にか，申請書類の計画に従って予算を年度内に執行すること，すなわちシステム導入自体が目的化するということも考えられる。

落とし穴3：教育情報システムのカタログ化

　システムの導入が目的化してしまった結果，要件定義もそこそこにして，とりあえず複数の教育システムベンダーから提案してもらい，e ポートフォリオシステムのパッケージ製品のカタログを取り寄せ，まるで家電を選ぶようにシステムの選定作業が行われると考えられる（図 2-2）。少なくとも，e ポートフォリオシステムを開発する期間が足りない場合であっても，要件定義までは，最低限大学主導でやっておかなければ，パッケージ製品と要件とのすり合わせも不可能であり，導入ありきの選定となりかねない。

2.2 要件定義

前節で述べた要件定義の段階でeポートフォリオという単語を用いるのは，何を実現するためにどんな学習活動で活用されるのかが不明確であるため，なんとなくぼんやりとした議論で進んでしまう危険性がある。そればかりかeポートフォリオという言葉がひとり歩きし，実現させたい学生の様々な学習活動を支援できた気になって，なんとも素晴らしい万能のシステムが議論の中でできあがった気になってしまうとなお厄介である。このような落とし穴を回避するにはどうすればよいだろうか。そのためにまずは，eポートフォリオという単語自体が議論する際に都合のよいバズワードになってしまっていることを認識し，eポートフォリオについて要件定義する際には，導入する目的をメンバー間で共有し，どのような学習活動をデザインしたいのかが明確になるよう次のような方法を提案する。

回避策１：eポートフォリオという言葉を使わない

eポートフォリオシステムで何を実現したいのか導入目的と必要な機能を明確にするために，eポートフォリオという言葉をあえて使わないことを勧めたい。一見，「eポートフォリオ」を議論するのに「eポートフォリオ」という言葉を使わないことは，矛盾しているようだがそうではない。むしろ，「eポートフォリオ」という言葉の代わりに表現される機能こそがeポートフォリオシステムに必要，欲しいと考えている機能のはずである。このように議論を進めることで，

- 学生が学習を深めるため
- 学生が就職活動などで自己PRに利用するため
- 大学および教員が学生の学習到達度をアセスメントするため
- 学生同士が同じ目標に向かって学び合う学習コミュニティを構築するため

など，実現したい学習活動である導入目的が明確になり，必要な機能を要件として定義できる。

回避策２：具体的な学習活動を想定する

　システム設計・開発において，ユーザの視点を取り入れることで，ユーザにとって使いやすく，設計の作業効率を上げる手法にシナリオ[2)]の利用がある[1]。教育システムでは，学習活動自体をシナリオと考えるとよい。学生や教員が実際にシステムを使う様子を考え，どのような学習活動を行うのか学習活動を具体化することで，必要な機能が明確になり，ユーザにとって使いやすいシステムに近づけることができる。また，「いつ（When），どこで（Where），だれが（Who），なにを（What），なぜ（Why），どのように（How）」の5W1Hの要素で考えると，他の人とeポートフォリオの具体的なイメージを共有するのに有効である。特に「なぜ（Why）」と「どのように（How）」の部分が，eポートフォリオシステムで何を実現したいのかという導入目的とそのために必要な機能に対応することになるので，委員会などでの意思決定の場では，特に丁寧に議論されるべき項目であろう。表2-1に5W1Hでeポートフォリオを検討した例を示した。どうだろう，eポートフォリオをだれがどのような場面で活用するのかがより具体的にイメージできるようになったのではないだろうか。

　では，eポートフォリオを使った学習活動にはどのようなものが考えられるのか，具体的な学習活動や場面を整理するには，ワークスペースとショーケースのモデルが役に立つ[2]。ワークスペースとは，学習過程を支援する目的で作成するポートフォリオであり，ショーケースとは，学習の成果を作品としてアピールする（説明責任を果たす）目的で作成するポートフォリオのことを指す。ここではワークスペースによる学習過程をショーケースとしてまとめる一連の学習活動をeポートフォリオによる学習フレームワークと呼ぶこととする[3)]。これらワークスペースとショーケースの２つの側面の学習活動を意識することが，eポートフォリオシステムの設計には非常に重要である。

　例えば，プロフェッショナルとして自身の能力をアピールするような場面を想定してみよう。ワークスペースでのリフレクションは，授業などの場面において学習内容を形成的に振り返ることを指すが，ショーケースでのリフレクションは，

14　第2章　eポートフォリオシステムの要件定義と学習活動

表 2-1　5W1H による e ポートフォリオの検討例

分類	いつ (When)	どこで (Where)	だれが (Who)	なにを (What)	なぜ (Why)	どのように (How)
ラーニング ポートフォリオ	留学期間 中に	留学先で	学生が	体験や経 験を	リフレクション による深い学び のため	ブログに記録す る
ショーケース ポートフォリオ	留学先か ら帰国し てから	大学で	学生が	体験や経 験を	まとめて留学に よる成長や気づ きを示すため	文書を作成する
アセスメント ポートフォリオ	学期末に	大学で	教職員が	学生の学 びの到達 度を	確認して授業改 善などに役立て るため	ルーブリックや テストなどの評 価結果を集計す る

成果をまとめ目標（ゴール）の達成状況を総括的に振り返ることを指す。また，ワークスペースとして作成したポートフォリオに対する評価は，学習のための形成的な評価としてフィードバックすることを指し，ショーケースとして作成したポートフォリオに対する評価は，学習の総括的な評価として目標（ゴール）の達成状況を評価することを指す。このように具体的な学習活動を意識することができれば，自然とシステムに必要となる機能が明確になってはこないだろうか。

　当然のことながら，e ポートフォリオシステムだけ導入しても学生や教員がそれを効果的に使うことができなければ，教育の向上は期待できないだろう。図2-3 は，学習活動を組み込む授業設計と，それを実現する機能を提供するシステムの関係を模式的に表している。学習活動に必要な機能が提供されるシステムでなければ，歯車は噛み合わず回らない。授業設計という歯車が駆動し，e ポートフォリオシステムという歯車を回すことが，学生の学びを促進し，教育効果を高めるという大きな歯車を回すことにつながるだろう。具体的な学習活動を想定してシステムに必要な機能を明確にするのは，この歯車を噛み合わせる作業にほかならないのである。

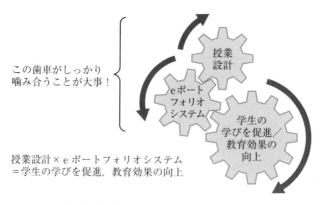

図 2-3　授業設計とシステムによる教育効果の向上

回避策３：無理のないシステム／パッケージ製品を選定する

　学習活動やそれに必要な機能が明確になって要件定義ができれば，次は，いよいよシステム導入である。システムを独自開発するのかそれともオープンソースソフトウェア（Open-Source Software, 以下 OSS）やパッケージ製品を採用するのか，また，OSS やパッケージ製品を採用するのであれば，カスタマイズするかどうかを決め，導入を進めていくことになる。大学側の技術力もあり，開発期間や資金面，導入後のメンテナンスなどに問題となるようなことがなければ，要件に従ってゼロからシステムを独自開発し，必要な機能を過不足なく実装するという選択が可能であろう。一方，調達システムの要件にピッタリ当てはまるのであれば，OSS やパッケージ製品を導入すればよいのだが，そう簡単にはいかない。大抵の場合は，要件として挙げた機能が足りなかったり，必要な機能はあるものの不要な機能も実装されていたりする。機能が足りない場合は，その機能だけ追加で開発するということを行うのだが，問題は，必要な機能の要件は満たすが不要な機能がある場合である。例えば「ひょっとしたらだれかが使うかもしれない」というような安易な判断で，そのまま導入してしまっては，ユーザが操作に迷う原因につながり，使い勝手を大きく損なうことになりかねない。その場合は，機

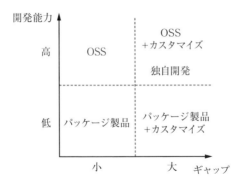

図 2-4　開発能力と要件定義とのギャップによる選定

能を無効化する，非表示にするなどのカスタマイズをするべきである。しかし，どうしてもそのような対応が難しい場合には，マニュアルや手順書，教材などを作成するといった運用面での工夫をして，ユーザが混乱しないような注意が必要である。このように OSS やパッケージ製品において，機能の過不足や期待する振る舞いの不都合（ギャップ）を解消し，実際に無理のないシステムにカスタマイズすることも選定時に勘案すべき重要な工程である。技術力とギャップによるシステム選定を図 2-4 にまとめた。なお，技術力は，大学だけでなくベンダー側に委託することで引き上げが可能な部分であるため，各大学の状況に合わせてご覧いただきたい。

2.3　eポートフォリオをここから始めよう

　授業に e ポートフォリオによる学習を取り入れても，最初から教育効果の高いものが実践できるかどうかは実際のところはわからない。日本だけでなく海外の大学でもまだまだ e ポートフォリオによる教育実践が積み重ねられている段階にあると言える。そこで e ポートフォリオの教育効果と導入する規模を試行，運用，展開という 3 つのフェーズに分けた指針を図 2-5 に示す[4]。

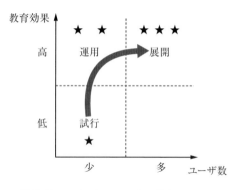

図 2-5　e ポートフォリオの導入チャート

　まずは，e ポートフォリオによる教育実践の試行フェーズである。e ポートフォリオを活用することで教育効果がある実践を着実に作り上げることが重要であり，この段階では人数も少なく始める。小規模に始めることで，教育効果が思うように上がらない場合であっても，軌道修正を容易に行うことができる。授業設計や学習活動を繰り返し見直していくことで，少しずつ教育効果を高めていき，その結果，小規模であっても教育効果の高い実践が安定的にできている状態が運用フェーズである。そして，その教育効果の高い実践をグッドプラクティスとして他の授業などにも水平展開し，ユーザ数と実践の規模を大きくして大学や組織全体の教育力向上につなげていくのが展開フェーズである。展開フェーズでは，より多くの授業が e ポートフォリオを活用することで学習成果物とともに，それを使った学生のリフレクションの幅や機会も同様に増えることになる。
　それでは実際に e ポートフォリオによる教育実践は，どこから始めればよいだろうか？　e ポートフォリオといっても様々な学習活動があるのはこれまでに述べたとおりであり，ワークスペース，ショーケースなどの e ポートフォリオによる学習のフレームワークを作るのであれば，まずは LMS（Learning Management System；学習管理システム）ですでにやっている学習活動をひと工夫して e ポートフォリオによるフレームワークに展開することを考えてみると

よい[5]。そうすることで，授業設計や利用機能の変更が最小で済み，無理なく最小限の労力で実践に持ち込めると考える。e ポートフォリオを導入し運用を開始する際に，まわりの教員の授業設計や，職員の業務フローの変更を伴うのはとても大変なことである。この手法の良いところは，学生へのインストラクションをLMS 利用から e ポートフォリオ利用へ変えることだけで済むため，実行性が高い点である。誤解のないように言っておくが，LMS よりも e ポートフォリオシステムを使うべきであるとか，LMS よりも e ポートフォリオシステムの方が優れているなどと言っているのではないことに留意してほしい。LMS は授業を中心としたシステムであるので，通常，学務情報と連動しており，履修者のみがアクセスでき，授業期間が終われば学生も教員もアクセスすることはほとんどなくなる。一方，e ポートフォリオシステムは学生を中心としたシステムであるので，学生個人が学習成果物を蓄積することができ，自由にグループを作って授業期間や講義の内容に縛られずに学習できる[6]。このような特徴をとらえると LMS ですでに行っている学習活動を e ポートフォリオシステムでの実践に移行することで，授業だけに閉じない学習成果物の蓄積や共有が可能となり，学生同士のピアラーニングやリフレクションなどの e ポートフォリオによる学習活動に展開できる可能性を秘めていると考えることができる。

　次に挙げるのは，LMS や紙ベースで行われることも多い学習活動である。これらを例に e ポートフォリオによる学習に展開するための出発点を提示する。e ポートフォリオシステムには様々なものがあるが，ここでは OSS の e ポートフォリオシステムである Mahara を想定している[7]。e ポートフォリオの学生中心の学びへの第一歩を踏み出そう。

フォーラムによる質問やディスカッション

　授業内容についての質問やディスカッションのやりとりに LMS のフォーラム（掲示板，BBS 機能）を使っている場合は，e ポートフォリオシステムのグループフォーラムに展開することができる。

　フォーラムを使う利点の 1 つに，他の人の質問やディスカッションの内容を他

の学生が参考にして，知識（ナレッジ）を共有することができるということが挙げられる。例えば，毎年開講している授業を担当していると，過去にも学生から似たような質問をされたという経験はないだろうか。LMS の場合，通常，学務情報に従って毎年新規に授業が作られる。そのため，フォーラムでのやりとり（ナレッジ）もその年の履修者同士でしか共有できず，次の年度にはまた同じような質問やディスカッションが繰り広げられる結果となる。

　一方，e ポートフォリオのグループフォーラムを使うとどうだろうか。学務情報からは切り離し，年度を超えてフォーラムを使うことができるので，質問やディスカッションの内容をナレッジとして後輩学生たちが参考にすることができ，似たような質問がなくなることが考えられる。また，過去のディスカッションを引用することでディスカッションの質を高め，ナレッジを積み上げていくこともできる。さらに基礎科目と演習科目のように前提科目のあるような授業を 1 つのグループで運営して，学生同士のピアラーニングにチャレンジするなど，授業にいろいろな工夫ができる。

課題レポートの共有

　LMS のレポート機能は，提出されたレポートを採点し，点数を成績管理に使えるなど，とても便利である。レポートを課した次の授業の際には，よくできている学生のレポートを他の学生に紹介することも授業のコツとして実践されている[3]。優秀レポートの紹介方法として，LMS では授業ページを利用して公開する方法もよく行われている。そうであれば，e ポートフォリオシステムに優秀レポートを掲載する共有ページを作成してはどうだろうか？　紹介された学生は，e ポートフォリオを作成する際に，優秀レポートの共有ページを学習のエビデンスとして利用することができるので自己 PR にも大いに役立つだろう。また，共有ページには，コメントを残すこともできるので，他の学生からのフィードバックをもらうこともできる。そして，フォーラムの場合と同様，年度を超えて共有ページで公開することができるので，優秀レポート集ができあがり，今後履修する学生のレポートの質向上にも役立つことが期待できる。

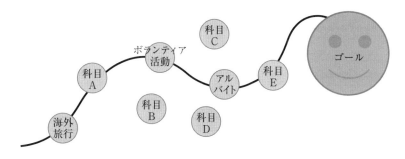

図 2-6　体系的な学び

インターンシップやボランティア，アルバイトなどの課外活動

　授業だけに閉じない，学生が中心のシステムであるeポートフォリオシステムだからこそ，インターンシップやボランティア，アルバイトなど自分の経験を記録するのに都合がよい。eポートフォリオシステムでは，学生が個人で記録するブログ機能や写真のギャラリー機能などが利用できる。ブログ記事や写真には，タグ付けやコメントを残すこともできるので，課外での活動の記録を学習したキーワードでタグ付けしておけば，後から自分のeポートフォリオのページを作成する際に検索して，まとめて再利用することができる。授業の学習成果物の蓄積もあわせて実施できれば，課外での経験も含めた，より深い学びである知識の統合[8]につながり[4]，効果的に振り返ることができる（図2-6）。

就職支援

　就職支援の場でのeポートフォリオの活用こそが学生にとって大きなモチベーションにつながると考える。就職活動する業界ごとにグループを作ってみんなで就職希望の業界研究を行い，そこで情報共有してはどうだろう。紙ベースでの資料や手書きのエントリーシートもスマホでデジタル化[9]して，共有するのもよい。また，就職支援の担当者も一緒になり，オンライン上のフォーラムも活用して，相談し，励まし合えば，その効果は一層高まると考える。さらに，希望の企業に

合格した学生のエントリーシートも共有できれば，他の学生のエントリーシートにも活かすことができるだろう。そして，グループで作成した業界研究の成果やフォーラムでのやりとりのナレッジは，次年度に就職活動を始める後輩学生に引き継がれていくことで，大学の就職力の向上にも寄与するものと確信する。

エントリーシートや就職面接での志望動機に関する質問や自己 PR などは，まさしく自分にとっての夢や目標，学生生活をもとに記述するリフレクションによる記述である。エントリーシートが書けない学生もいると聞いたことがあるが，e ポートフォリオを使った普段からの学習活動が就職活動の場で活かされるのではないかと考えている。

2.4　本当に必要なシステム

本章では，システムを導入するにあたっては，e ポートフォリオを何のために導入するのか，e ポートフォリオを使ってどのような学習活動を行いたいのか，という観点から，大学主導で要件定義することの重要性を述べ，e ポートフォリオによる学習活動への展開について述べた。目的や学習活動が明確になって，あなたにとって本当に必要なシステムが見えてきただろうか。想定される学習活動によっては，無理に e ポートフォリオシステムを導入するのではなく，他のシステムで代用した方がシンプルに実現できる可能性もあるので検討してみてもよい。e ポートフォリオによる学習フレームワークに展開しないのであれば，学習の蓄積とリフレクションを目的とするならブログ，作品集や学習成果のショーケース（プレゼンテーション）を目的とするならホームページ作成ツールを利用するのも 1 つの手であると考える。それらに関する議論は，次章に譲る。良くも悪くも e ポートフォリオシステムは，様々な e ポートフォリオによる学習活動を支援するオール・イン・ワンのシステムである。ユーザにとっては，不要な機能が少なければ少ない方が使いやすいのは当然である。もし，それでも e ポートフォリオシステムを導入するという場合は，e ポートフォリオにどんなことを期待しているのだろう。その期待が e ポートフォリオによって実現できることを切に願う。

| コーヒーブレイク 1 |

ある大学でのシステム導入事例

　ある日，突然会議に招集されたことがあります。大学が応募したある補助金の事業が見事採択され，ｅポートフォリオシステムを導入するということになり，担当理事を筆頭に関係部局から担当者を集めて 10 数名で構成した委員会の会議体ができていました。5 年かけて実施する事業であり，そこそこの予算がついていました。そのとき私は，大学の情報システム部門の教員として在籍しており，学部の教職員の皆さんと協力しながらｅポートフォリオシステムの導入やシステム開発の経験があったので声がかかったようでした。第 1 回目のシステム導入委員会の会議の日，机上には会議資料が置かれており，席に着いた私は早速資料を手に取り目を通し始めたところ，あることに驚きました。申請書や予算計画などこれからの実施する事業に関する資料とともに，最初の会議にもかかわらず，すでにＡ社のｅポートフォリオシステム導入の見積書があったのです！　さらにＢ社，Ｃ社の製品カタログも添えられています。大学が応募するような大きな申請書の場合，事業構想の一部にｅポートフォリオシステムをツールとして活用することは書かれますが，5 年計画などの場合に初めて導入する際には，取り組みの 1 年目に仕様を検討して 2 年目にかけて試行導入というのがよくあるスケジュールのように思います。採択された事業計画でもそのような計画となっていました。ですので，本来であれば，どのような学習があって，どのように使うのかが最初に議論されてしかるべきところを，仕様すら議論されていない段階で，採択後初めての会議の場で，すでにＡ社の見積書があることに違和感を覚えずにはいられませんでした。このことについて会議の担当者にうかがったところ，事業採択を知ったＡ社の営業の方がすぐに訪問され，見積書を作ってくださったというこ

とがあり，会議に見積書が出てきたようです。これは会議の中で知ったのですが，採択された事業の申請書は，採択の結果とともに応募先のホームページにいち早く掲載され，事業内容や計画だけでなく予算の詳細も公表されていました。おそらくA社は，ホームページの情報をもとにeポートフォリオシステムの提案，見積もりにと素早く動いてくれていたのだと思います。また，B社，C社のカタログの製品カタログも準備されていたのは，会議の担当者が他にも比較ができるように取り寄せてくれていたのです。ここでA社の営業の方や担当者の名誉のために言っておきますが，彼らの行動を非難しているわけではなく，むしろいち早く情報を提供して，貢献的，協力的に行動してくれていたことに大変感謝しております。しかし，初回の会議の場でいきなり製品が並んでしまっていては，製品の機能や価格を比較して議論することにつながってしまい，システム導入の本質を見失うおそれがありました[1]。ここでいう「システム導入の本質」とは「何を実現するために導入するのかという目的（Why），そのために取り組みにはどんな学習活動があって，システムをどのように活用したいのか（What, How）」というシステム導入プロセスの要件定義で最初に行っておかなければならない，あるべき姿の共有です[2]。ですので初回の会議では，見積書とA社，B社，C社の製品カタログについてはいったん置いておき，システムのことには踏み込まず，申請書の事業構想に照らしてeポートフォリオを導入する目的，そして各関係学部局の取り組みで予定している学習活動やeポートフォリオの活用場面を全員で共有するところから出発しました。その後，会議ではeポートフォリオという言葉でぼんやりとした議論にならないように注意しながら，学習活動を明確にして，必要となる機能を検討しながら進めることで要件を整理していきました。取り組みで想定している学習活動とそれを実現するのに必要な機能を備えたシステム，この両方を丁寧に設計しておくことが，学生の学びを促進し，教育効果を高めるのにつながると信じて仕様を策定していきました。

　さて，会議を重ね，要件定義ができれば次はいよいよシステム選定です。仕様が決まったことで，どのパッケージ製品やオープンソースソフトウェアでその要件が実現できるのか，どの程度カスタマイズすればよいか，またはどのような機

能を開発すればよいかといった方針を立てることが可能となりましたので，大学で開発するのか，業務委託するのかといった判断をします[3]。できれば，カスタマイズなどをほとんどせずにシステム導入できればよかったのですが，残念ながら仕様を完全に満足するパッケージ製品やオープンソースソフトウェアというものは，当時ありませんでした。もちろんゼロからシステムを独自開発するのであれば実現はできたでしょうが，採択が発表されたのが9月下旬ごろでしたので初年度の予算でシステム導入完了までは6か月くらいしか残されていませんでした。実際は，学内の体制を作って仕様策定やシステム選定，業者選定をする期間も必要です。開発にあてられる期間はこれら準備期間についても計算しておかなければいけませんので，時間的な制約からゼロからの独自開発は難しいと判断するのが現実でした。仕様を完全に満足するパッケージ製品やオープンソースソフトウェアというものが当時なかったと述べましたが，策定した仕様の機能要件で特に難しかったのが，大学や教職員が学生の成長や学習到達度を評価できるようにアセスメントポートフォリオを実現することでした。このような状況では，実現できない機能要件については運用でカバーする，もしくはその部分だけ機能要件から外して初年度での開発は見送ることも検討しなければなりませんでした。しかし，幸運なことにオープンソースソフトウェアのMaharaにより短期間で構築し，足りない機能のプラグインを開発することで要求仕様を実現することを請け負っていただけるベンダーと手を組むことができました。そのため開発するプラグインを設計して仕様書を書くなどして，高速で試作として開発したシステムを実際に動かしながら，発注者である大学の担当者も迅速かつ適応的にフィードバックするなど，積極的に開発に参加することが必要でしたが，何とか導入にこぎつけることができました。苦労した分，大変満足のいくシステム導入ができたと思っています。図1は，開発から導入までの当時の大まかなスケジュールです。いま考えると結構無理をしたところもありますが，大学とベンダー双方でプロジェクト体制を組んで協力し，システム導入を成し遂げた経験は，開発に関わった教職員とベンダーとがその後システムを運用していくにあたってのコミュニケーションにおける信頼の基盤へとつながっていったと感じています。

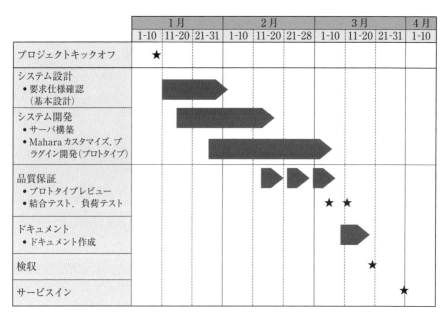

図1 開発から試行運用までのスケジュール

　この事例は，講演などでお伝えしている筆者が関わったシステム導入の経験をもとにご紹介しました[1][2]。オープンソースソフトウェアを採用するにあたっては，持続可能な開発にするためのライセンス合意など注意すべき点についての検討もしているのですが[3]，実務的な部分を中心に事実をもとに余計な脚色などせずに書いたつもりです。システム導入までを成功裏に進めることができた1つの事例として，同じようにシステム導入を担当しなければならなくなった方の参考になれば幸いです。

第3章 ▶ ▶▶▶

あなたの大学に必要なeポートフォリオとは
──eポートフォリオ診断と構築レシピ

3.1 はじめに

　eポートフォリオとeポートフォリオシステムとは同義ではない。eポートフォリオはデジタルデータによる学習者の学びの過程や成果の記録そのものであり，eポートフォリオシステムは学習者が学びをデジタルデータとして記録し，活用するための諸機能からなるツールである。したがって，何のために学習を記録するのか，その記録をどのように活用するのかというeポートフォリオの導入目的に応じて，eポートフォリオシステムに必要な機能やその使い方が定まる。しかし，現状では先にeポートフォリオシステムの導入があり，それを用いた活動をeポートフォリオと称することが多いようである。

　本章では，eポートフォリオの導入目的を検討することを通じて，導入すべきeポートフォリオの特性を明確にし，eポートフォリオシステムに必要な機能を選定し，学習者がそれらの機能を用いてeポートフォリオを構築・活用できるようにするための手順を提案する。

　最初に，eポートフォリオをその特徴で分類するときのポイントを述べる。続いてその目的を達成するために必要な機能と，その機能をどう実現するかについて論ずる。最後にそれらの機能を用いてeポートフォリオをどのように設計するのかについて，「フォリオシンキングのサイクル＋3つの質問＋使用する機能」と学習プロセスの観点で説明する。

3.2　eポートフォリオの導入目的を明確にする

バズワードとなってしまった「eポートフォリオ」

　本書において想定しているeポートフォリオの定義としては「深く継続的な学びを促進するために，生涯にわたる自分自身の学習をドキュメント化し管理をするためのツール」[1]があるが，広義かつシンプルに定義すれば「デジタルデータを記録し閲覧するためのツール」とも言える。

　eポートフォリオという名称の起源である「ポートフォリオ」は，芸術家などが自らの制作物をまとめたものを意味する。ポートフォリオとeポートフォリオは「データを記録し閲覧するためのツール」の部分は変わらないが，どこからでもデータにアクセスできることや，多様なメディアによる記憶が可能であることなどによって，eポートフォリオには「デジタル化されたポートフォリオ」以上の特性と活用可能性がある。「○○eポートフォリオ」などのように目的を表す修飾語を冠することでその目的は明確になるが，多くの場合はただ「eポートフォリオ」と呼ばれる。それだけでなく，eポートフォリオを運用するシステムも含めて「eポートフォリオ」と呼ばれる。このように「eポートフォリオ」はバズワードとなってしまい，「うちのeポートフォリオ」が意味するものは多種多様である。そのような状態をJensonとTreuerは，eポートフォリオを「巨大な電子ファイルキャビネットとする者もいるし，オーセンティックなアセスメントのためのツールであるとする者もいる。他にはデジタルのマルチメディアレジュメであるとする者もいる。ある教員はコースマネジメントツールか学習プラットフォームと定義するかもしれないし，仮想のアイデンティティを作成するためのスペースが主な役割と見る者もいる」[1]と表現している。

eポートフォリオ導入にまつわる悲喜劇

　「eポートフォリオ」が多様な意味で使われることによって悲劇と喜劇が生まれている。eポートフォリオの設計には「人がどのように学ぶのか」という学習

理論の知識とそれを踏まえた教授設計の技術が不可欠である。しかし，学習理論の知識や教授設計の技術を持つ専門家がいない場合でも，ｅポートフォリオの導入や設計は行わざるをえない。そのような場合は，導入担当者は他教育機関の報告などで知ったｅポートフォリオシステムを「これこそがｅポートフォリオ」と考え，同じものを導入するのが最も容易であろう。そのようにして導入されたｅポートフォリオシステムには，その教育機関が想定したｅポートフォリオにとって必要な機能を備えているとはかぎらず，期待した学習活動ができないという悲劇が起こる。あるいは「ｅポートフォリオの目的」などは想定しておらず，「ｅポートフォリオの導入」そのものが目的である場合もあるかもしれない。ｅポートフォリオの導入という目的を達成した後は「導入したｅポートフォリオシステムでできること」を授業で行うこととなり，授業担当者ならびに学習者にとっての悲劇となる。また，明確な教育上の目的のためにｅポートフォリオシステムを導入したとしても，その目的がすでに稼働している LMS などのシステムで実現できることであれば，使用するシステムを増やして混乱させただけという喜劇もありえる。このような悲劇と喜劇を避けるためには，「何のためにｅポートフォリオを導入するのか」を明確にしたうえで，「どのような機能が必要なのか」を導き出す必要がある。

ｅポートフォリオの目的と特徴による分類

「何のためにｅポートフォリオを導入するのか」を考えるうえで，ｅポートフォリオを分類することは有効である。例えば，IMS ePortfolio Best Practice Guide は Assessment ePortfolio, Presentation ePortfolio, Learning ePortfolio, Personal Development ePortfolio, Multiple Owner ePortfolio, Working ePortfolio に分類している（各ｅポートフォリオの詳細は IMS Global Learning Consortium のサイト[2]を参照のこと）。本書第4章で Treuer はラーニングポートフォリオ，アセスメントポートフォリオ，プロフェッショナルポートフォリオの3つに分類している。また，Barrett[3]はｅポートフォリオの2つの側面としてワークスペースとショーケースに分類している。森本[4]はアセスメント，ショーケース，ディ

ベロップメント，リフレクティブ，ラーニングの5つに分類している（森本は目的による分類のほかに，所有者による分類（スチューデント，ファカルティ，インスティテューショナル），課程による分類（コース，プログラム，カリキュラム）も行っている）。これらの分類による各種 e ポートフォリオをその特徴で整理したのが表 3-1 である。

　e ポートフォリオシステムと LMS のいずれでも学習者は学びを蓄積し振り返ることができる。その最大の違いは，e ポートフォリオシステムは学習者が主体的に学びの対象や成果物を選択することを想定しているのに対して，LMS は教員による設定の中での学び（そのほとんどが設定する教員の担当科目）に限定される点である。したがって「e ポートフォリオシステム」を名乗るには少なくとも複数の科目を横断した学びの振り返りが可能であることが必須であるし，科目にとらわれず学習者が学びの対象と判断するあらゆるものを記録できることが望ましい。

　その観点からすると，表 3-1 では「ラーニング」「キャリア／プロフェッショナル／ショーケース」の2種類が「学習者のための e ポートフォリオ」と言える。「ティーチング」は教員が担当科目改善のために行うものであり，教員が主体的に科目改善のための多様なデータを収集し改善に使用するという点で「教員による科目改善のための e ポートフォリオ」と言える。「LMS」「学務情報システム」「Institutional Research」「シラバスシステム」の4種類はいずれも使用者が主体的に多様な情報を収集して改善に利用するというよりは，評価や管理の目的のもとで特定のデータを収集する点が特徴である。これら4種類のいずれも通常は e ポートフォリオシステムとは呼ばれない別システム上で稼働することが多い。したがって，これら4種類に対応したシステムがすでに導入されているのならば，新たに e ポートフォリオシステムを導入する必要はない。

　いくつかの質問に答えることで，想定している「e ポートフォリオ」が表 3-1 のどのシステムに分類されるかがわかるチャートを作成した（図 3-1）。このチャートで特に重要な2点について説明する。

表3-1　eポートフォリオの分類

名称	概要	活用の主体	記録の主体	受益者	主たる特徴	目的	データソース	記録対象	情報の規模
ラーニング	学習者自身が自らの学習目標の達成のために、あらゆる学習成果をリソースとして振り返りや統合を行う	学習者	学習者	学習者	複数の授業やeポートフォリオ・マルチ学習の成果を横断して活用する	学習者自身の学びの支援	学び全体（複数科目）	あらゆる学習成果	各科目／科目横断
キャリア／プロフェッショナル／ショーケース	学習者が自身のキャリアパス獲得のために、獲得した知識やスキルをエビデンスとともに提示する	学習者	学習者	学習者、外部組織	学習の成果を外部に公開する	学習者自身のキャリアパス獲得	学び全体（複数科目）	あらゆる学習成果	科目横断
ティーチング	教員が授業改善を目的として、自らの担当科目に関わる情報を記録・分析する	教員	教員	学習者、教員	教員が自らの授業を記録する	授業改善	各教員が担当する科目	授業内容、学習者の成績・提出物、教員による振り返り結果	各科目／科目横断
LMS	教員が学習者に指示して、科目内での学びの振り返りをさせる	教員、学習者	学習者、教員	学習者、教員	学習者が科目内の学びに関するレポートなどを提出する	科目の運営・管理	個々の科目	授業での提出物、学習者による振り返り結果	各科目
学務情報システム	教員が学習者への各種指導のために、学習者の学習活動に関する情報を活用する	教員	教員、教育機関	学習者、教員	学習活動に関する情報を活用する	学習者の進捗指導、履修指導、学習指導など	学び全体（複数科目）	各科目の成績や出席回数など	科目横断
Institutional Research (IR)	教育機関が認証評価のために学習者の成績・出席率などの情報を収集する	教育機関	教育機関	教育機関	学習者に関する情報を活用する	組織評価のための情報収集	学習者の成績	学習者の成績、出席率など	学習者の情報
シラバスシステム	学習者が履修する科目を選択するために、科目に関する情報を閲覧する	教育機関	教員、教育機関	教育機関、学習者	科目を管理・運営する者、科目内容を公開する	カリキュラム、科目の公開・管理・運営	シラバス	科目の内容、カリキュラムマップ	全科目の情報

3.2　eポートフォリオの導入目的を明確にする　31

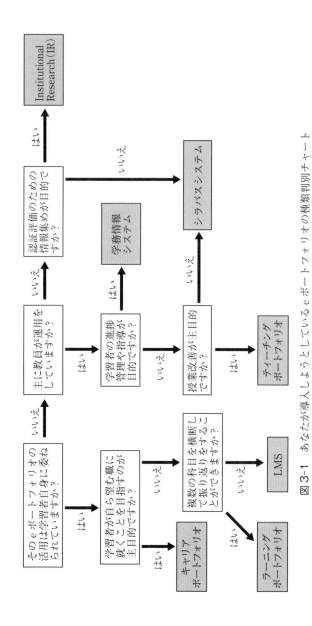

図 3-1　あなたが導入しようとしている e ポートフォリオの種類判別チャート

1点目は「そのeポートフォリオの活用は学習者自身に委ねられていますか？」である。eポートフォリオシステムの運用は教員や教育機関が行っているだろうし，eポートフォリオの活用方法についての教員からのアドバイスがあるのは当然である。ここで問うているのは，そのeポートフォリオを学習者が自由に使える環境があり，あらゆる学びの成果を学習者自身が判断して活用できるか否かである。

2点目は「複数の科目を横断して振り返りをすることができますか？」である。ある科目の各回授業で教員の指示により「その授業で学んだこと」などをシステム上に提出させ，成績評価の材料とすることはよく行われている。その場合，学習成果や振り返りがたしかに記録・活用されている点で1つのeポートフォリオと言えるが，1つの科目に関する振り返りに終始するならば，LMSを活用した授業活動の一環にすぎない。一方，あらゆる学習活動を対象として，特定の科目によらない学習目標（ジェネリックスキルや学習者自身が設定した学習目標などが想定される）に即して振り返るような場合は，複数の科目から学習者自身が学習目標に関連する学習成果を収集することになる。このように「複数の科目を横断して振り返りをすることができますか？」という質問は，1つの科目内での振り返りに終始することなく，学習者自身が多様な科目から学習成果を収集することを想定しているか否かを問うている。

チャートに従って「あなたのeポートフォリオタイプ」がわかったら，表3-1に戻り，その特徴は何かを改めて検討し，eポートフォリオシステムを導入するならばどのような機能が必要なのか，あるいはすでに導入されているシステムでまかなえそうかを判断してほしい。その判断の結果，あなたが導入しようとしているものが，どうも「eポートフォリオっぽくない（eポートフォリオの特性を備えてない）」場合は，eポートフォリオシステムを導入するのではなく，その目的に応じたシステムの導入あるいは既存のシステムで対応可能になる。それについては第2章を参照してほしい。

3.3 eポートフォリオに必要な機能を明確にする支援：eポートフォリオシステムは必要か？

　前節でeポートフォリオの分類に即して，「あなたが導入しようとしているeポートフォリオタイプ」を検討した。その結果，あなたが導入したいものがeポートフォリオであることが明確になったとする。次に考えるべきことは，そのeポートフォリオシステムをどのようにして設計あるいは開発し，稼働させるのかという問題である。最も多い解決策は「既存のeポートフォリオシステムの導入」であろう。しかし，そこにも落とし穴がある。eポートフォリオシステムとは，eポートフォリオを稼働させるためのシステムを指すが，eポートフォリオを稼働するためには，必ずしもeポートフォリオシステムが必要とはかぎらないからである。これだけ読むと禅問答のようであるが，eポートフォリオシステムとは，その開発元が想定するeポートフォリオを稼働させるための機能を搭載したシステムにすぎない。したがって，導入担当者が想定しているeポートフォリオに必要な機能によっては，無料のツールやサービスなどでeポートフォリオを実現することも可能である。

　そこでeポートフォリオ導入の前に，「eポートフォリオ」をどう活用するかを設計し，その設計を実現できる機能を吟味したうえで，既存のeポートフォリオシステムを導入するのか，新たなeポートフォリオシステムを開発するのか，既存のツールやサービスなどを利用するのかを決定することが必要となる。しかし，現実には予算・時間・システム・人的制約などを満たすことが優先され，実際の教育現場で十分な吟味をすることなく「既存のeポートフォリオシステム」を導入してしまうケースがある。なかには「3か月後の全学稼働」のために，設計はおろか機能の検討もせずに「多くの大学が導入しているeポートフォリオシステム」を発注した事例も聞く。結果として，導入されたeポートフォリオシステムの設計思想や機能に即した学習活動が設計される。それで期待どおりの結果となればそれはただ幸運なだけであって，多くの場合は，導入をしようとしていたeポートフォリオの必要条件（そもそもそのイメージすらない場合も多いだろうが）に対して過不足のある設計がなされることが容易に推測される。

34　第3章　あなたの大学に必要なeポートフォリオとは

そこで本節では，eポートフォリオにおける学習活動に必要な各機能に対し，その機能を実現する方法を提案する。具体的にはeポートフォリオの典型的な学習活動ごとに，それを可能とするeポートフォリオシステムやLMSの機能や，それらの機能を代替できる既存のツールやサービスを整理した指標を提示する。この指標により，想定する学習活動が先に検討され，その活動の実現を条件としたeポートフォリオシステムの設計や選定が容易になることが期待される。

　eポートフォリオは用いる主体（学習者・教員・教育組織など）によって分類できるが，本指標では学習者が主体となるeポートフォリオを対象とした。学習者が主体となるeポートフォリオもいくつかの種類に分類できる。前節で述べたように，Treuerは第4章でラーニングポートフォリオ，アセスメントポートフォリオ，プロフェッショナルポートフォリオの3つに分類している。また，Barrett[3]はワークスペースとショーケースの2つに分類している。分析にあたっては，TreuerとBarrettの分類を参考にして，各タイプのeポートフォリオで行われる典型的な活動を13に細分化した。13の内訳は，ラーニングポートフォリオ，ワークスペースとして学習成果を記録し，振り返るために必要となるプロセス6つと，プロフェッショナルポートフォリオ，ショーケースとして学習成果を公開し他者からの閲覧やコメントを受けるプロセス7つである。それら13の活動について，代表的なオープンソースのeポートフォリオシステムであるMahara，代表的なオープンソースのLMSであるMoodle，ならびにそれ以外のサービスやツール（Dropbox，Googleドライブ，Googleサイト，Evernote，Facebook，Gmail）で実行しうるかという観点で整理した。各活動が各サービスやツールの本来の主たる用途である場合は「◎」，本来の主たる用途ではないが実行しうる場合は「○」，実行しうるが困難なこともある場合は「△」，実行できない，または実行できてもあえてそれを使う利点がない場合を「×」と評価した。各サービスやツールにおける学生や教員のユーザアカウントは必要に応じて作成されることを前提とした。

　分析の結果が表3-2である。表3-2によるとeポートフォリオシステムはすべての活動を実行可能であるが，クラウド上でいわゆるOffice系ツールを使用で

表3-2　一般的ツール・サービスを用いたeポートフォリオの典型的活動の実現可能性

	ラーニングポートフォリオ、ワークスペースに関わる活動						プロフェッショナルポートフォリオ、ショーケースに関わる活動						
	フォーマル学習データの記録	インフォーマル学習データの記録	データの限定共有	科目単位の振り返り	複数科目への統合的振り返り	科目以外の活動への振り返り	学習データの一般公開	ショーケースの公開	他者からのコメントや評価	学外からのコメント・評価	学習エビデンスとの連携	データの検索	第三者による管理
PC上のフォルダ	◎	◎	×	◎	◎	◎	×	×	×	×	◎	◎	×
Dropboxの共有フォルダ	◎	◎	◎	◎	◎	◎	△(◎)*	△(◎)*	◎	×(◎)*	◎	◎	×
Googleドライブ	◎	◎	◎	◎	◎	◎	◎	◎	◎	◎	◎	◎	△
Googleサイト	×	×	×	×	×	×	◎	◎	◎	◎	◎	×	×
Evernote	◎	◎	◎	◎	◎	◎	◎	◎	◎	△	◎	◎	×
Facebook	○	○	○	○	○	○	×	◎	◎	×	◎	△	×
Gmail	○	○	○	○	○	○	○	×	○	◎	○	◎	×
一般的なeポートフォリオシステム（例：Mahara）	◎	◎	◎	◎	◎	◎	◎	◎	◎	◎	◎	◎	◎
一般的なLMS（例：Moodle）	◎	○	◎	◎	○	○	○	○	◎	◎	◎	◎	◎

＊2017年10月にDropboxにショーケース機能が追加された。ただし有料プランのみのため（　）書きで併記した。

きる Google ドライブもほぼすべての活動が実行可能である。ラーニングポートフォリオやワークスペースに関わる活動はクラウドストレージサービスの Dropbox や高機能テキスト作成ツールの Evernote で実行可能であり，プロフェッショナルポートフォリオやショーケースに関わる活動は Google ドライブや Google サイトで実行可能である。科目単体に関する学習活動の記録・省察や評価は LMS で実行可能であるし，各成果物に関する他者からのコメントや評価は代表的な SNS である Facebook で実行可能である。

　以上の分析から「e ポートフォリオで行わせたい学習活動が明確」であれば，e ポートフォリオシステムを導入せずとも，無料で使えるサービスやツールを利用することで，その活動のほぼすべてをさせることが可能であることがわかる。ただし，この表では各機能を連携させて使うための機能は含めておらず，使い勝手の良し悪しは考慮していない。

　e ポートフォリオシステムでは e ポートフォリオに関わる活動は「何でもできる」。しかし，e ポートフォリオシステムには 1 つの製品としての統一性がある一方で，システム管理者やユーザがカスタマイズできる余地は少なく，外部サービスとの連携も困難な場合が多い。いわば融通が利かないということであり，導入した e ポートフォリオシステムを前提にして学習活動を設計すれば，必要な機能が揃っていなかったり，不要な機能がありすぎたりすることが起こりうる。また「学習者のための e ポートフォリオ」と銘打っていても，e ポートフォリオシステムを導入している教育機関を修了してアカウントが失効すると自分の e ポートフォリオにアクセスできないという悲劇（喜劇？）も起こりがちである。それに対して既存のサービスやツールは特定の活動の実行に適しているうえに，複数サービス間の連携をサポートしている場合も多い。したがって e ポートフォリオで行う学習活動が明確であるならば，それぞれの活動を実行しうる既存のサービスやツールを組み合わせることで，かゆいところに手が届く「オーダーメイドの e ポートフォリオ」の実現を検討することは有意義である。さらに教育機関を修了したのちも，ツールやサービスが終了しないかぎりは e ポートフォリオにアクセスできるし，仮に終了しても，その時点で代替となる新たなツールやサービス

が提供されていることや，それらへのデータ移行手段が用意されることは，現状において十分に期待できる。

　eポートフォリオは「eポートフォリオシステムありき」ではなく，「eポートフォリオでの学習活動ありき」で始めるべきである。そもそもeポートフォリオの成果物や学習プロセスの記録は教育機関ではなく，学習者のものである。「学習者がeポートフォリオを使って学習を進められる設計になっているかどうか」を評価基準として取り入れ，まずはそのeポートフォリオの設計で，学習者が十分に学べるかを検討してほしい。慌てて高価な既存のeポートフォリオシステムを導入したり，新たなeポートフォリオを開発したりする前に，まずは無料サービスやツールを使用したeポートフォリオで，学習活動が十分に行えているかどうかを検討することを勧めたい。その結果，やはり既存のeポートフォリオシステムや新たなeポートフォリオシステムのほうが学習者にとって有益であると判断されたならば，eポートフォリオシステムの導入を検討すればよいだろう。

▌3.4　ポートフォリオ設計の支援

　ここまででeポートフォリオの目的による分類によって，導入したいeポートフォリオの特性が何かを明確にし，そのeポートフォリオを実装する際に必要となる機能の選定ならびに，その実現の手続きを述べてきた。すなわち，eポートフォリオの目的とそのために用いる機能は確定したということである。次に考えるべきことは，eポートフォリオを実際に用いる学習者のスキルである。

　eポートフォリオに学習の記録を蓄積していくことはだれでもできる。しかし，eポートフォリオに蓄積した学習の成果物を使って学ぶためには，eポートフォリオを使って学ぶためのスキルが必要になる。また禅問答かトートロジーのようだが，eポートフォリオを使った学びを実践していない学習者に対して，「eポートフォリオを使って学びなさい」と言ってもできるはずがない。eポートフォリオを使って学ぶためには，eポートフォリオを使った学習に関する知識とスキルが必要である。さらにeポートフォリオは学習者のみならず多くの設計担当者に

38　第3章　あなたの大学に必要なeポートフォリオとは

とっても未知の代物であり，学習者に「eポートフォリオを使って学習しろ」，教員に「eポートフォリオを使って学習させろ」と要求することは無茶と言わざるをえない。

　eポートフォリオを使った学習スキルについては，Jenson と Treuer[1]が公開しているeポートフォリオリテラシールーブリックが参考になる。eポートフォリオリテラシールーブリックは，eポートフォリオを学習のために効果的に用いるための5つの必須スキルを規定し，それらを4段階のルーブリックとして表したものである。5つのスキルは Collecting（収集・蓄積），Self-Regulating（自己調整），Reflecting（省察），Integrating（統合），Collaborating（共有）である。さらに各スキルに対して未達成，部分的達成，達成，模範的の4段階の達成レベルが設定されている。

　学習者のeポートフォリオリテラシーを効果的・効率的に育成するためには，eポートフォリオリテラシールーブリックの5つのスキルをeポートフォリオの設計に活用することが有効だろう。そのためには設計担当者自身がこれらのリテラシーに精通している必要がある。しかし，現在のeポートフォリオを設計する立場の教員の多くは，eポートフォリオを使った学びの経験がないだろう。さらに，語弊があるのを承知で言えば，教員の多くは授業の担当はしていても，教育設計の知識や技術を持たないという意味で「教育の専門家」ではない。eポートフォリオを用いた学習には教育設計の知識や技術が必要であるにもかかわらず，「教員だから」という理由で「教育の専門家」ではない者にeポートフォリオを用いた学習設計を委ねているのが現状である。この問題は教員が教育の専門家になれば解決するかもしれないが，現状においてはそれも非効率的である。

　そこで教育の専門家でなくても，eポートフォリオの教育設計を可能とするための支援が必要となる。以下，本節で扱うeポートフォリオを用いて学習するスキルを，Jenson と Treuer のeポートフォリオリテラシーと区別して，「eポートフォリオスキル」と呼ぶ。学習スキルにかぎらずスキル全般に言えることであるが，学習スキルは通常は何らかの学習を通じて獲得される。eポートフォリオスキルも同様であり，何らかの学習でeポートフォリオを用いて学習をしながら

eポートフォリオスキルを獲得することになる。

　インストラクショナルデザインの基本的原則のひとつに「メーガーの3つの質問」がある[5]。メーガーの3つの質問とは「その教育の目標は何か（学習目標）」「目標に到達したことをどのように評価するのか（評価方法）」「どのように目標に到達させるのか（教育方法）」であり，これらの質問に対して明確に答えて整合させることで，教育設計の枠組みを決定できる。この3つの質問は，eポートフォリオの設計でも有効である。ただしeポートフォリオの場合は，3つの質問によって明確にした学習目標，評価方法，教育方法をeポートフォリオ上でどのように実現するか（テクノロジーの活用）という観点も有効である。

　以上の観点に基づいた支援ツールの例として，CourseRecipes を紹介する（表3-3）。CourseRecipes は，前述したeポートフォリオリテラシールーブリックとeポートフォリオの2つの使い方（ワークスペースとショーケース）や，省察的学習─統合的学習─社会的学習のサイクルであるフォリオシンキング[6]を踏まえて，その実現を「3つの質問＋テクノロジー」の形式で整理した表である。CourseRecipes では，eポートフォリオリテラシールーブリックの5つのスキルをさらに細分化し，対象となる科目内の学習活動の中でeポートフォリオがどのように使用できるか，eポートフォリオを用いた学習プロセスの各ステップに対してどのような学習活動が考えられるか，それをeポートフォリオとして実現するための具体例にはどのようなものがあるかを一覧にしている。CourseRecipesに掲載されている学習目標スキルはこの順に実行しなければならないというものではないが，典型的なeポートフォリオによる学習のステップに即している。コレクション，セレクション，リフレクションをひとつのサイクルとし，それを繰り返しながらリフレクションの深さと幅を広げていくというステップである。

　CourseRecipes は，eポートフォリオを用いた学習をステップに分解し，各ステップにおける学習活動と具体的な実現方法を整理したものであるが，これが「正しい」というものではない。eポートフォリオを使った教育を担当する教員が，eポートフォリオを設計するときに，学習者に何をさせたいのか，その学習活動からどのようなeポートフォリオの使い方ができるのかなどの検討をするための

表 3-3　CourseRecipes

e ポートフォリオスキル	キーワード	学習目標	ラーニングデザイン		機能・システム
			ラーニングデザインの考え方	ラーニングデザインのヒント	機能のヒント
Collection（収集・蓄積）	情報検索，情報と情報源の管理，学びの文書化	学びの課程において得られる情報や学習データを蓄積できる	学習時に参考にした資料，実際に作成した文書，記録したデータなどを保存させる。この段階では選択せず，何でも記録させる	・レポート，音声データ，フィールドでのメモ，調査データなどを記録する	・Google ドライブ ・Dropbox
Selection（整理・分類）	情報の分析と整理，ストーリー化，学習成果物の再利用(読み直す)	学習成果を示すために必要な情報（学習データを含む）を選択・分類できる	Collection の結果の中から，その授業や活動の達成目標と関連する情報を選択させる	・オンラインテストの点数の経緯など点数の伸びがわかる情報 ・初回と改訂版のレポートなどスキルの向上がわかる情報 ・主観的な評価（成功したというエピソード）	・Google ドライブ ・Dropbox
Reflection（省察）	内的な情報処理，学習成果物の改善，学習成果物の再利用	習得事項（何をどのように学んだか，何がわからなかったか）を説明できる	Selection の結果をもとにして，学習の結果として，何を得たのか，何を得なかったのかを具体的に説明させる	・新たに得た知識やスキル ・主観的にうまくできるようになったと思うこと／できなくなったこと（初回と改訂版のレポートの差など） ・点数などの変化	・掲示板（フォーラム） ・Google ドライブ
Evaluation（評価）	内的な情報処理，学習経験の再整理，価値（重み）づけ	学びの意義や重要性を学習目標や自身の価値感の文脈において説明できる	Reflection の結果をもとにして，その学びの良かった点や悪かった点について主観的，客観的に評価させる	・ルーブリックでの評価 ・前回との点数の差 ・成果物と達成目標の対応づけ（達成目標のどの部分を達成したのか）	・掲示板（フォーラム） ・アンケートフォーム
Collaboration（共有）	共通性の知覚，差異性の知覚	学びの成果を提示でき，他者の学びの成果（書籍などの既存知識も含む）から自身に有用な情報を得ることができる	他者と比較することで，学びの結果やその評価を客観視させる	・学びの成長について記述させて，他者の記述と比較させる ・学びの成果について話し合わせる ・参考資料などとの比較をさせる	・掲示板（フォーラム） ・Google ドライブ ・Dropbox ・チャット（Skype，LINE）
Integration（統合）	知識の再整理，学びの概念化	学びの成果を組み合わせ，様々な状況に当てはめて利用できる	今回の学びの文脈以外で，学んだ成果をどのように活用できるかについて気づかせる	・自分の研究での活用 ・他の学びでの活用 ・そのスキルや知識の一般化	・掲示板（フォーラム） ・Google ドライブ

（次ページへ続く）

3.4　ポートフォリオ設計の支援　41

表 3-3　CourseRecipes（続き）

e ポートフォリオスキル	キーワード	学習目標	ラーニングデザイン		機能・システム
			ラーニングデザインの考え方	ラーニングデザインのヒント	機能のヒント
Publication（公開）	習得概念の言語化	自身の学びの成果を踏まえて，他者と共有すべき情報を他者が理解可能なフレームワークを用いて提供できる	学びの過程と結果を，他者にわかるように言語化・文章化させる	• 一般大学生がわかるように説明させる • プレゼン資料を作らせる • ウェブサイトを作らせる	• 掲示板（フォーラム） • Google ドライブ • SNS • ウェブサイト
Exploration（吟味）	弁別力，概念化	得られた学習経験を，将来の目標（専門性，キャリア形成）と関連づけ説明できる。自己調整のための前段階？	学びをロングライフな目標の中に位置づけさせる	• この学びが，自分の人生にとってどのような意味を持つのかの記述 • 将来的にどのように役立つのか	• 掲示板（フォーラム） • Google ドライブ
Self-Regulation（自己調整）	視野拡張，視点転換，状況適応行動	自己の学びを分析し，学習目標を達成するために必要な行動，指針を決定できる	この学びの結果をもとに，ロングスパン，ショートスパンの目標を修正させ，次の目標を明確にさせる	• 現在の長期目標の修正 • 今後 1 年間（1 か月，半年）の目標を立てる	• 掲示板 • Google ドライブ • フォーラム • Dropbox

　叩き台として使用することを想定している。CourseRecipes を参考にして e ポートフォリオの設計を考えることで，効率的な e ポートフォリオ設計につながることが期待できる。そのプロセスで e ポートフォリオスキルを学習者に修得させるために何をしなければならないのか，どのような工夫が考えられるのかが明確になる。

　CourseRecipes はそれ自体が e ポートフォリオ設計時の学習活動設計支援を目標とした指標であるが，今回提案したいのは「e ポートフォリオを設計するならば，同様の一覧表を作成し，どの活動がどういう e ポートフォリオスキルを活用することを期待しているのか，そのためにどのような機能を用いているのかを示し，その整合性を取りつつ設計しましょう」ということである。「e ポートフォリオはデータを記録し，振り返るためのもの」とだけ考えて設計するのではなく，何のために記録させるのか，その記録は何を使って行うのか，記録したデータをどのように振り返らせるのか，そのときのインストラクションはどのようにするのかなどを，ステップごとに e ポートフォリオスキル，学習活動，教示内容，使

用する機能などで整理していくのである。CourseRecipes で提案する e ポートフォリオスキルやそれに対応した学習活動や機能を参照しながらであれば，e ポートフォリオを用いて学習したことがない設計担当者であっても，少なくとも「e ポートフォリオで何をさせたいのか」「どうやってそれをさせるのか」「その活動の結果はどのように記録されるのか」を意識しながら設計ができるはずである。これはすなわちインストラクションデザインの基本であるメーガーの 3 つの質問に常に答えながら設計することにほかならない。そのプロセスで，CourseRecipes と同様の表を作成し，それを更新していくことになるだろう。CourseRecipes 自体は e ポートフォリオの設計や分析のプロセスで修正されてきたし，今後も修正されていく。ぜひ叩き台として活用してもらいたい。

3.5 最後に

　本章では，e ポートフォリオをその特性で分類し，e ポートフォリオの目的に即して設計するためのプロセスと方法を提案した。e ポートフォリオを導入しても思ったような結果にならないという問題は，e ポートフォリオの目的が明確でないこと，目的が明確であっても，その目的を達成するための設計になっていないことが挙げられる。本章で提案したプロセスと方法を用いることで，e ポートフォリオ導入が成功することを期待する。

コーヒーブレイク 2

eポートフォリオとルーブリック

　eポートフォリオとルーブリックは，本来それぞれ別のツールです。しかし，eポートフォリオとルーブリックを組み合わせることで，非常に強力なツールになります。どうしてそう言えるのでしょうか。その答えのヒントは，eポートフォリオにおける「リフレクション」とルーブリックにおける「エビデンス」という2つのキーワードです。

　eポートフォリオでは，学習の記録や成果物を使ったリフレクションとそれによって得られる様々な気づきによって起こる知識の統合を学習活動の本質として学習や授業を設計します。しかし，リフレクションという学習活動は，学生だけでなく指導する教員にとっても難しいと感じている方が多いと思います。リフレクションを導入することが重要であることをわかっていても，単に授業や実習でリフレクションを学生に指示しただけでは，先に述べたような深い学びには至らず，感想文や学んだことの記録程度にしかなっていないということになりかねません。学習の記録や成果物を通して自身の学びを客観的に見つめるという行為は，そのくらい高度な学習活動であり，これをメタ認知と呼びます。図1では，リフレクションを山登りになぞらえています。山頂を目指して山を登って行き，登山口からそこまで登ってきた経路を振り返り，そこから山頂まであとどのくらい登らなければならないかを見通すことで自分の現在地を把握すると思います。もしも，山頂（学習目標・目的）までの道のりがわからず，登ってきた経路（学習履歴）もわからなければ，自分の現在地（学習到達度）が把握できずに遭難してしまいます（リフレクションという学習活動ができません）。つまり，授業や実習で学んだことのリフレクションを実施する際には，単に学習の記録や成果物と

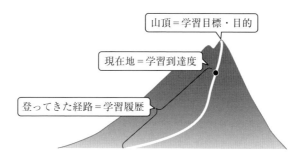

図1　リフレクションと山登り

いった学習履歴だけでなく，学習目標・目的を同時に認識することが大事であり，それができて初めて何ができるようになって，これから何ができるようになればよいのか，自分の学習到達度を認知できるようになるのです。eポートフォリオでは，リフレクションを学習活動として導入することが重要ですが，これは高度な学習活動であるメタ認知を学生に教えることと同等であると言うことができます。リフレクションのためには学習履歴だけでなく，学習目標・目的を同時に認識する必要があるということから，学生や教員がリフレクションを難しいと感じている理由をわかっていただけるかと思います。

　ルーブリックは作品課題（レポート，絵画，動画など）や学習者の能力（プレゼンテーション技法，コンピテンシーなど）を評価するために用いられる評価基準です。学習者と評価者がルーブリックにより評価基準を共有できるため自己評価と他者評価のどちらにも用いられます。評価者が学習者のレポートやプレゼンテーション技法をルーブリックで評価する場合は，評価対象（エビデンス）を目の前にしてその場で評価が可能です。一方，コンピテンシーやディプロマポリシーのように大きなくくりとして定義された能力をルーブリックで評価する場合には，まず学習者が能力の達成度を自己評価し，そのエビデンスを示します。大きなくくりとして定義された能力を他者評価する場合は，このようにエビデンスを評価者に示すことで可能となります。しかし，ディプロマポリシーに掲げられて

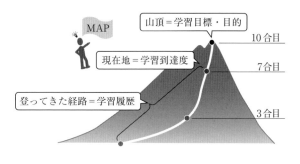

図２　ルーブリックによるリフレクション

いるような能力のエビデンスを示そうとすれば，大学で履修する複数の科目に存在することでしょうし，学習者が様々な学習の記録や成果物を集めるのにそれ相応の労力と時間がかかることが想像できます。

　このようにｅポートフォリオにはリフレクションを実施する際に単に学習の記録や成果物といった学習履歴だけでなく，学習目標・目的を同時に認識させる難しさがあり，ルーブリックには能力を示すエビデンスとして様々な学習の記録や成果物を集めることの困難さがあるのです。さて，ここまでくればｅポートフォリオとルーブリック，本来それぞれ別のツールなのに一緒に述べている理由にもうお気づきかも知れません。それは，ｅポートフォリオとルーブリックそれぞれが抱える困難をお互いに解決することができるのです。図１ではｅポートフォリオにおけるリフレクションを山登りに例えました。途中で遭難しないための山頂までの経路を指し示す立て看板あるいは地図の役目をしてくれるのがルーブリックなのです（図２）。ルーブリックを導入することで，学習目標として技能やコンピテンシーなど（山頂）を定義し，学習到達度をいくつかの段階（山頂までの道のり）で表すことができるようになります。また，ルーブリックの能力を示す学習の記録や成果物といったエビデンスは，ｅポートフォリオとしてすでに蓄積されていますので，そこから選択すればよいことになります。

　ｅポートフォリオとルーブリックを組み合わせることができるシステムもいく

つか存在しています。第4章には，後にオープンソースポートフォリオ（OSP）となるミネソタ大学のeポートフォリオシステム開発の話が紹介されています。実のところ筆者がまだeポートフォリオの研究を始めたばかりのころ，初めて触れたeポートフォリオシステムが Sakai CLE に実装されていた OSP でした。OSP のソースコードにも手を入れてカスタマイズしていた当時，ルーブリック（マトリクスという名前のツールで提供されていた）の概念を取り入れた OSP の設計思想にとても感銘を受けたのをいまでも強烈に覚えています。現在は Sakai CLE に実装されていた OSP は，KARUTA [1) という新しいeポートフォリオツールに設計思想が引き継がれ開発が続けられています [1]。また，筆者も Mahara [2) にルーブリックの機能を追加するプラグインを開発していますので Mahara でルーブリックを利用されたい方は，こちらをお使いいただくことができます [2]。eポートフォリオとルーブリックを組み合わせることで学習活動や評価による活用が広がりますのでオススメですよ。

第4章 ▶ ▶▶▶

ピアチュータリングプログラムにおける
ポートフォリオ実践

[寄稿：Paul Treuer]

4.1 はじめに

　ミネソタ大学ダルース校（UMD）で学生チューターをしていた卒業生から，次のような e メールを受け取ったことがあります；「先生，自分が夢見ていた仕事をいま手に入れました。ミネソタの大手会計事務所で，役員待遇の会計士として働きたいとずっと思っていたんです。人事の担当者に，多くの採用希望者の中から，どうして私に決めたのですか？と尋ねたところ，他の候補者よりも私が目立っていたからとのことです。それは，私が，公募されたポジションに必要なスキルを十分に持っているという証拠をポートフォリオで彼らに示していたからだそうです。UMD でのチューター経験をポートフォリオにまとめていてよかったです。先生，私のポートフォリオ作成をサポートしてくださって，本当にありがとうございました！」

　UMD 学生チュータープログラムは，2014 年度の全米最優秀チュータープログラムを受賞するなど高い評価を受けている。本プログラムは包括的な学内教育支援事業であり，UMD の学生が，ピア学生（知人／クラスメイト）へ個別指導（チュータリング）できるようになるための教育訓練を目的としている。また，UMD では，学習プログラムの 1 つとして CBPT（Credit-Based Peer Tutoring）を開講しており，当該科目の受講生は無報酬で活動し，学生チューターとしての知識を習得することにより単位を得ている[1]。1987 年の開講以降，7,000 名以上が学生チューターとしての訓練を受け，330,000 名にものぼるピア学生へチューター活動を実践してきている。本プログラムでは，1987 年のプログラム開始時

から一貫してポートフォリオを蓄積してきている。初期には，ラーニングポートフォリオを紙面上（プリントアウトしたもの）で作成していたが，2000年以降は，新開発した電子ポートフォリオシステム（eポートフォリオソフトウェア）を利用し作成している。UMDの紙／電子媒体によるポートフォリオは，数千におよぶ学生チューターの活動記録であり，彼らが数万のピア学生をサポートした際の指導技術（チュータリングスキル）の蓄積である。

　我々が本プログラムにおいて学生にポートフォリオを作成させている主要な目的は2つある。1つは，本プログラムにおける訓練と活動実践を通して，大多数の学生チューターは彼ら自身が学び，大きく成長することである。学生チューターは，ラーニングポートフォリオ，つまり，学びの進歩を記録するタイプのポートフォリオにより，自身の学びを文書としてまとめ（ドキュメント化），振り返る（リフレクション）手段を与えられ，ポートフォリオ作成を通して，より深く学び，自身の持つスキルについてより高いレベルで認識を持つに至る。その結果，そのスキルは意識すればいつでも使えるようになる[2]。2つ目の目的は，卒業が近づくにつれて大きな意味を持つ。多くの学生チューターは自分のラーニングポートフォリオをプロフェッショナルポートフォリオとして利用するようになる。ここで，プロフェッショナルポートフォリオとは，ある特定の求職のための技術（スキル）を示すようにデザインされたタイプのポートフォリオを指している。2013年に全米カレッジ・大学協会（AAC&U；the Association of American Colleges and Universities）のサポートにより実施された調査[1]から次のことがわかった；「4/5以上の雇用主は，人事採用時に，履歴書や大学の成績証明証に加えて，eポートフォリオが有用になると考えている。それは，就職希望者が彼らの会社や組織で成功するために必要な知識やスキルを持っているかどうかの判断をeポートフォリオが与えてくれるからである」。

　UMD学生チュータープログラムのメンバー（教員とプログラム管理者）は，AAC&U調査結果はポートフォリオ実践の理由の一部であると受け入れているが，CBPTプログラム実践を通して，学生にポートフォリオ，特に，説得力のあるポートフォリオを作成させる努力をし続けることに変わりはないと考える。一

4.1　はじめに　　49

般には，中等教育もしくは，それ以降の教育において，学生は自身の学びを文書としてまとめることも，振り返ることも期待されてきていないため，ポートフォリオ作成に反抗し，自分の学びを文書にすることに対して受け身の立場をとる。後述する教育方略に沿い，このやっかいなことに取り組むというプログラム担当教員の強い姿勢があったから，UMDにおけるポートフォリオ実践はうまくいっている。

　当初，学生が積極的にポートフォリオ作成に取り組むよう促す試みは期待したほど成功しなかった。チューターポートフォリオの作成をより容易にするために，我々は最初のeポートフォリオシステムの1つとなるシステムの構築を開始した。この活動は，2000年にミネソタ大学を，後にオープンソースポートフォリオ（OSP）となる全学レベルの電子ポートフォリオ（eポートフォリオ）システム開発に向かわせることになる。我々は，eポートフォリオとは，簡単に利用でき，学生がラーニング／プロフェッショナルポートフォリオを特段の指導がなくても作成できるもの，また，ポートフォリオの作成と共有を卒業後も継続できるようなものだと信じている。

　しかし，ポートフォリオの電子化への移行は望ましい結果にはならなかった。電子化は紙面利用のときよりも，より良いポートフォリオの作成を学生チューターに促さなかった。よくまとめられ，リフレクションも十分になされたポートフォリオの作成を学生に促すためには，電子化よりもむしろ，ポートフォリオ作成をカリキュラムへ組み込むことが，学生にとって必要なことであるとわかった。加えて，ポートフォリオを構築するために必要なスキルは，明確な指示と訓練を通して身につくある種の批判的思考（クリティカルシンキング）であることに気づいた。「eポートフォリオを定義する，eポートフォリオとは何物で，なぜ重要なのか（Defining the E-Portfolio: What It Is and Why It Matters）」[2]に，eポートフォリオリテラシーと，その習熟度測定のためのルーブリックを示している。このリテラシーは，ポートフォリオ実践のための重要なカリキュラムガイドの役割を果たすことができる。

4.2　ポートフォリオ実践方略

　UMD 学生チューターープログラムのコース原案は，1986 年当時の学内教育施策委員会（エデュケーショナル・ポリシー・コミッティ）により単位認定のための承認を受けたが，それは，コースでの学習内容，学生の評価方法といったポートフォリオ的要素も含めた承認であった。執行部に対するこの方略は，一連のコース認定過程を通して，ポートフォリオ指導の認可を受けるためにとても重要であった。また，教員へ学生チューターの指導方針，つまり，どのようにして学生に自身の学びをドキュメント化させ，振り返らせるかの方針を与え，学生チューターへ，責任感，スキル，ラーニングポートフォリオの作成に対するインセンティブを与えたことにも価値があった。

　ポートフォリオ評価をいかにして学生の学びを記録した文書へ組み込むか，どうやって学生を評価するかということが，おそらく UMD における長期間のポートフォリオ実践を成功させている唯一かつ最重要な方略であると考えている。これは本質的な方略であり，（1）コースの担当教員にとっては，高品質なポートフォリオをどうやって作成するかを学生に教えることが必要になり，（2）単なるテストの結果からポートフォリオに含まれた学びの証拠の評価へと学習の評価を変えることを意味している。

　成功のためのその他の方略としては，ポートフォリオに蓄積した学生の活動情報の利用機会を増やし，蓄積データを転用できるようにすることである。UMDにおける学生チューターのポートフォリオは，次の主要な文書と，学生自身が選択した追加証拠により構成されている；

- チューター活動に対する信条の宣言
- チューター活動に伴う責任についての記述
- チューター活動の有効性の評価と改善点
- チューター経験の意義についての振り返り
- 事例（ピア学生へのチューター活動の有効性の証拠）
- チューター活動の記録

・要約

　一貫性を持ったドキュメントは，長期間にわたる学生の学びを評価し，予測可能なかたちの課題を学生に与えることを可能にする。一方，学生は何を期待されているかを知っておく必要がある。上述の項目に加えて，学生は作成したドキュメントとリフレクションを統合し，熟考したうえでの学びのヒストリー（ポートフォリオナラティブ；portfolio narrative）の提示を求められる。

　学生チューターは自身のポートフォリオを担当教員，クラスメイトと共有するだけでなく，口頭での実践報告も行う。これも学習経験を共有する手法である。事例報告と関係するピア・ツー・ピア（peer-to-peer；友人同士の）学習は，ポートフォリオの質を高めるうえで重要な方略であり，この活動を通じて，学生チューターは，ポートフォリオの意義と有用性を理解する。

　重要な実践例として，看護学科に所属する，ある女性教員の本プログラムにおける貢献を挙げる。彼女はラーニングポートフォリオを利用する教育実践について十分なトレーニングを積んでおり，学生へ的確な指示を与え，ポートフォリオをより良く書くための指導を行っている。彼女のクラスの学生は，ドキュメントが質的に納得できるものになるまで何回もポートフォリオを提出し続けている。彼女は質の高いポートフォリオを期待し，それを得ることができているのである！

　ポートフォリオの電子化は，ポートフォリオの質の向上をもたらさず，学生の不満の縮小にも貢献できなかった。ポートフォリオを利用しリフレクションを身につけさせることは難しく，成功をおさめた実践は，質の高いポートフォリオ作成のための指示と指導ができる教員に依存しているのが現状である。

4.3　学生視点でのチューター活動におけるポートフォリオ利用

　チューター活動におけるポートフォリオ作成に対する学生の反応はかなり変化してきた。ラーニングポートフォリオ作成には多大な労力を必要とするために，多くの学生は抵抗している。実際，良いポートフォリオを作成しようと思えば，

大きな精神的努力を必要とする。そこで，ポートフォリオ課題を出す際には，就職時の利益／アドバンテージを強調することにした。本章の冒頭で紹介した学生のように，社会に出て初めてポートフォリオの価値に気づく者もいるが，卒業前までにその価値や利点を学生チューターに理解させておくことは重要なことだと考える。

　学生チューターに対し毎学期行っている調査から，チューター活動により学生チューター自身が大きな利益を得ていることがわかった。学生チューターへの質問「就職時に転用可能なスキルを伸ばすことができた」に対し，96％はポジティブな回答を返しており，96％の学生は，チューター経験を通して役立つ専門スキルが開発されたことを認識している。専門スキルをドキュメント化しておくことの重要性はどんなに強調してもしすぎることはない。そして，学生が自身の修得スキルをポートフォリオにより示すことができるならば，それが最良である。それは，まさに雇用者が求めていることだからだ！

　我々教員は，ラーニングポートフォリオを網羅性，学びの記録の質，文書の質の観点から評価しているが，ポートフォリオの初稿に対して，形成的評価を行うこともしばしばあり，それにより，学生チューターは最終稿へ向けた改訂点の基礎を得ている。

　大部分の学生はポートフォリオ課題をクリアし，たとえ学生チューターがポートフォリオ学習の重要性を十分に理解していなかったとしても，質の高いポートフォリオを作成し共有することにより，彼らの知識とスキルは深まっている。

　チューター実習の終了後，卒業後もポートフォリオを作成し続けるかどうかの判断は学生に任せている。CBPT を通した我々の経験では，ポートフォリオ作成を継続する学生チューターはごくわずかであり，大学生にポートフォリオ作成を課すには，何らかの外発的動機づけ，例えば，コースの前提条件であるなどが必要である。本来の意味で長期間にわたり，学生にポートフォリオ利用させるためには，追加の方略の実践が必要であると考える。

4.4 技術的考察：ポートフォリオに"ｅ"を加えるために

　UMD 学生チュータープログラムでは，2000 年にポートフォリオを紙面から電子媒体へ移行したが，ミネソタ大学（UM）のｅポートフォリオシステムは，そのときはまだ開発の初期段階であった。我々教員は，どのようにして新しいソフトウェアを利用するか，質の高いラーニングポートフォリオを作成するために，ｅポートフォリオをどのように活用するかを根気よく学生へ教えていた。UM のｅポートフォリオは時間をかけて利用しやすくなっていったが，扱いにくいことに変わりはなく，ある種の学生にとっては，テクノロジーが，ラーニングポートフォリオに抵抗させる原因になった。

　ｅポートフォリオシステムの改修と維持の費用は非常に高額であり，2014 年に UM はｅポートフォリオの開発と維持を断念した。それを契機に，我々は別のｅポートフォリオソリューションの調査に取り組むことになった。ソーシャルメディアを利用して育ち，インターネット上で個人情報を共有するツールになじんだ若い CBPT 教員が UMD にとっての最適解を探し出した。専用システムを利用してポートフォリオを作成することがポートフォリオ実践では決してない。彼らは，Google ツール群は即座に無償で使え，UMD 学生にとって有用だと提案し，Google ドライブ，Google ドキュメント，Google サイトを組み合わせれば，本プログラムのポートフォリオ課題のための必要条件を満たすと主張した。実際，学生は Google ツール群の利用を"専用"ｅポートフォリオシステムのときよりも容易に受け入れ，Google サイトの機能を利用して，独創的で魅力的なデザインを持つポートフォリオを作成，共有している。

　ポートフォリオシステムへ"ｅ"を導入した本来の目的は，電子化，オンライン，マルチメディアになじんだデジタルネイティブ世代の UMD 学生チューターに，継続的なポートフォリオを利用させるためである。本提案により，ポートフォリオ作成における技術的な障害はほぼなくなっていると考える。実際，ある大学院生は次のようなコメントを寄せた：「このソフトウェアは使いやすい。たった 30 分程度で，授業の必須条件であるポートフォリオ作成が可能だからだ」。ソフト

54　第 4 章　ピアチュータリングプログラムにおけるポートフォリオ実践

ウェアは便利で使いやすくなった。しかし，依然として多くの学生は，質の高い学びのヒストリーの作成，学びのドキュメント化とリフレクションに苦労しているのもまた事実である。

4.5　改善点

UMD 学生チュータープログラムのポートフォリオ実践は，長年にわたり価値ある成功を収めてきたが，まだ改善の余地がある。

ラーニングポートフォリオは，評価のための豊富なデータを提供する。本プログラムの評価は，学生チューターのアセスメントポートフォリオの中にある。ここで，アセスメントポートフォリオとは，要求された学習成果の熟達度の証拠を示す活動例を含むポートフォリオのことである。アセスメントポートフォリオは，本プログラムがどの程度，学習成果の修得に向けた学生の成長の助けになったかの評価に役立つ。この評価プランの実践は，本プログラムの毎年の継続的な改善に寄与する。

学生が授業の課題提出を終えた後もポートフォリオ作成をし続け，発展させていかないことに対する懸念は無理もないことである。この問題への取り組みに対して 2 つの提案がある。1 つ目は，学生チューターとしての活動 2 期目に，彼らのプロフェッショナルポートフォリオの作成をサポートすることである。もしすべての学生チューターがこのサポートを受け，励みになれば，チューター活動の終了時に彼らは，長年にわたって利用できるラーニングポートフォリオとプロフェッショナルポートフォリオの双方を得ることになる。そのような付加価値は，学生チューターにとって十分なインセンティブになり，卒業後のポートフォリオ継続利用の動機を与えることになるかもしれない。

学生に卒業後もポートフォリオ作成を習慣づけさせる他の重要な方法は，様々な領域での学びにおいて，ポートフォリオを活用させてみることである。様々な領域での学びにおいてポートフォリオを作成し利用することは，ドキュメント化とリフレクションスキル開発に役立つ。つまり，生涯学習のための反復練習をそ

4.5　改善点　55

れにより習慣づけるのである。

4.6 まとめ

　UMD の CBPT プログラムは，28 年の長期にわたり，ポートフォリオを利用し続け，チュータートレーニングと活動実践を通して深められた学生の学びと，その活動記録を蓄積している。ポートフォリオ活用はチューター訓練カリキュラムに組み入れられており，学生チューターは，カリキュラム内の学習を通して，いかにしてリフレクションを行うか，どのようにしてポートフォリオを作成し共有するかについての教育を受ける。ポートフォリオ実践が成功をおさめた理由はそこにあると同時に，同プログラム教員とマネージャによる本実践の質維持のための献身的な活動にあると考えている。

　UMD におけるポートフォリオ実践を改善する余地はまだまだある。本プログラムへの参加学生は，専門スキルを記述するためのサポートを受けることができ，それは就職活動において転用できる。これは UMD の卒業生への雇用の機会を増進させる。

　UMD 学生チュータープログラムのポートフォリオ実践は，振り返り学習におけるポートフォリオの利用価値を示し，本プログラム内トレーニングでの学習経験を，より高めることに役立っている。本プログラムは，学習者中心の学習環境の設定，ピア・ツー・ピア学習の設定，協調学習の設定をどのようにすればよいかを示すと同時に，それらが，ポートフォリオ実践における理想的な教育／学習の枠組みであることも示している。ポートフォリオ実践を成功させ，ポートフォリオを継続的に利用させるために最も重要な方略は，ピア・ツー・ピアと協調学習を取り入れることであろうと筆者は考えている。

コーヒーブレイク 3

企業視点からのeポートフォリオへの期待

　eポートフォリオ活用・普及を論じる際の最も重要な視点の1つに，利用者である学生自身のモチベーションをいかに高めるのかという点があります。学生は，自身にとって有益であること，面白い，興味・関心のあることに関しては教員に催促されるまでもなく，自ら進んで実践していくようになることは言を俟たないでしょう。

　学生にとってeポートフォリオの嬉しい面・効果を考えた場合，真っ先に浮かんでくるものとしては，就職活動（就活）に使えるということではないでしょうか。特に「就活塾」などといった，就職対策のために大学とは別の塾に通うという，大学入試のための受験対策のような光景が昨今の就活において繰り広げられており，このような塾に通わざるをえない学生をとても気の毒に思います。仮に，就職面接の際にeポートフォリオを使って大学4年間（人によっては中学，高校からのeポートフォリオも使えるかもしれない）の自分をしっかりとアピールできたならば，就活塾のようなところに余計な時間とお金をかける必要はなくなり，学生にとってはとても幸せなことでしょう。またeポートフォリオは一朝一夕にできるものではないので，就活の時期になって「自分の強みは？」などと慌てて自己分析し，自分を良く見せようと自らを取り繕うための練習をする必要もないので，就活塾が不要になるどころか，就活に費やす無駄な時間も削減されることが期待されます。そのヒントは第4章のミネソタ大学ダルース校の実践事例から得ることができます。

　では，就活でeポートフォリオを活用するというなじみのない話を，企業の視点から見た場合にどうなのか？というのは，非常に気になる点でしょう。いくら

自分が自信満々にｅポートフォリオを見せたところで，肝心の企業側にその準備ができていない，面接会場で試験官に「ｅポートフォリオって何？」と聞かれたりしては折角のｅポートフォリオも役に立ちません。そこで，今回は「新卒学生・大学院生採用における採用企業の「期待する人物像」についての座談会」として，３社に，就職活動でのｅポートフォリオ活用についてインタビューを行いました。

───今日は企業における採用のキーマンとなる３人のビジネスマンの方々に，学生採用時の人物を見る観点についていろいろとうかがっていきたいと考えています。

　まずは，３人の方々をご紹介させていただきます。我が国の通信業界最大手の系列会社でウェアラブルコンピューティングと健康の連携をデザインされている企業の代表取締役をしていらっしゃるＴ氏。そして業界屈指の技術力で医療用精密機器のTOPシェアを占める会社の上席執行役員を務めるＷ氏。従業員数６千人を超える自動車機器メーカーで，人材開発室の室長を務めるＡ氏。以上の皆さんになります。

　ぜひ，企業側のストレートなご意見をうかがわせてください。

───最初に，皆さん方に核心部分を率直におうかがいしたいのですが，新卒の学生・大学院生採用の際に重視されるポイントはどんな部分になりますか？

Ｔ氏　面接を基本に行動力とコミュニケーション能力を重点的に見ていきます。ただし，学生時代の「成果」を行動力として訴える人も少なくないのですが，在学中の「成果」で社会的・事業的な観点で評価できるものはほとんどありません。したがって，行動力とは「成果」というよりも，本人が「何をしたか」という具体的なアクションそのものだと考えて評価しています。つまり本人が失敗したと感じていても，我々としては高く評価したい行動もあれば，その逆もあるということですね。

Ｗ氏　そもそも私どもはネットエントリーを受け付けていません。実際に弊社に足を運んでくれた方のみ面接もしますし，採用試験も受けていただいています。

直接この目で見なければ人は判断できない，ということですね。ネット経由のエビデンスにはまったく信用をおいていません。我々もその方に強い関心を持ちますが，学生さんにも弊社に強い興味を持っていただきたいですし，そのためにはお互い実際に会わないと。

A氏　学校での成績ももちろん判断材料にしますが，一番はお二方のおっしゃるように面接における相互コミュニケーションになりますね。また，本人の適性や希望も判断材料にしますが，本人自身の希望と我々から見た適性は必ずしも一致しないことが少なくないので，そこは柔軟に判断しています。

───なるほど，ありがとうございます。皆さん共通で面接を通じたコミュニケーションが大切になるということがよくわかりました。

───いまのお話ではAさんのみが学校の成績に一定の重きをおくとのお話でしたが，TさんとWさんは，そこはどのようにお考えですか。

W氏　学校の成績を否定しているわけではありません。良いに越したことはないでしょう。ただ，当社が期待する技術やノウハウが学校の授業にあるかというと，そこは残念ですが希薄なので，結果的に重視することにはならないということです。特に弊社の場合製品がやや特殊ですので。

T氏　当社では実質学校の成績はまったく見ないです。そこで行われている内容もWさんがおっしゃったように当社の要望するものでもないですし，そもそも評価者の観点が学校の先生と我々では違いますので，その可否判定自体，当社としては意味がないということになります。誤解されたくないのですが，大学の成績とは大学における環境や目標についての評価なので，企業での人の評価とは異なるということですから，どちらの視点が正しいかどうかではなく，違った観点の評価を鵜呑みにはできないということだと考えています。

───なるほど。そうすると面接での評価が自然と重くなるわけですが，面接の時間内だけで十分な評価が可能なのでしょうか？

T氏　もちろん十分ではないですよ。ただ，それ以外にいまのところ有効な情報

がないという状況ですね。

A氏　私たちも，学校の成績を見るといっても参考程度ですので，十分な情報があるということではないですね。

W氏　私たちはどちらかというと，入社後にしっかり時間をかけて育てていくので，それほど精緻な情報があっても意味はないと思っています。入社時点での皆さんの力量に大きな期待をするような状況は，どの会社でもないと思いますよ。

T氏　力量というより性格や人間性を見るので，そういうプライベートに近い事象などは本当は参考になると思いますが，いろいろな意味でなかなか難しいところですね。現状では，企業が望んでもなかなか手に入らないと思っています。

───なるほど，ありがとうございます。一般論になりますが，成績・面接以外の観点として，文系や理系の違い，学卒と院卒の違いなどがあると思いますが，そういう部分は，どのように判断されていますか？

A氏　当社の場合，マスターやドクターは給与水準も高く期待も大きいのですが，これまでの実績としては，学卒の方々と大きな差異は出ていないのというのが実態です。そういう意味でも，現状の大学の人材育成が企業の期待に応えられているのかどうかは，難しいところがあります。

T氏　当社は，文系・理系，学卒・院卒は基本的に差がないと考えています。社会や企業の中で自然と成果にも成長にも差はでてきますので，その部分の評価はいたしますが，採用時点でのこのような分類に，人材として有意な差はないと感じていますね。

W氏　理系・文系にはこだわらないのですが，弊社の入社試験の数学は通常の文系の方ではかなり難しいので，結果的には理系の方がほとんどです。一方で理系の方でも英語は必須なので，いずれにしても一定レベルの学力は必要だと思います。

───そうですか。それではお手元のeポートフォリオを見ていただいてよろしいですか？　これは，学生時代の様々な活動記録が，一定の条件で見られるよう

になったデータです。いわゆる授業の中の記録だけではない，日常場面での活動履歴が記録されています。こういう情報は，採用時に個人を評価する材料として活用できるでしょうか？

T氏　たしかに実際の活動がこのようなかたちで理解できるのは意味があると思いますし，現実になるなら興味もあります。ただ実際には，あくまで特定の自分に有利な実績のみで構成される可能性もありそうですね。事実の一端として，十分参考にはなるけれど，鵜呑みにはできないかなというのが，正直な感想です。

A氏　アイディアとしては面白いと思いますし，実際に一度実データを拝見してみたいと思います。学業だけで判断できないので，こういう活動の一端が見られるのは意味があると思います。ただ，それが採用の「決め手」になるには時間がかかると思います。

W氏　学校の成績よりは参考になると思いますが，他のお二方同様，参考程度の情報になるのではないかと思います。実際のデータがない現段階ですと，それ以上のことは想像できないですね。

───ありがとうございます。皆さん一定の興味や評価をしていただいているようですが，さらに具体的になることが必要だということかと思います。

───それでは，採用とは少し内容が異なりますが，このようなポートフォリオを自社の社員に利用させて，広く社外の評価を求めることをどのようにお考えですか？

W氏　当社は研究対象と内容が非常に専門的なので，一般の場になじまないと思いますね。専門的な発表をするのは学会がありますので，そちらがよいと思います。

A氏　難しい話ですね。基本的に当社の社風やこれまでの社員の言動から見て，たとえ会社がOKを出しても，参加者もいないのではと思います。

T氏　基本的に社外的な評価は価値があると思いますが，問題は社外ならだれの評価でもよいというわけではないので，そこのところが気になりますね，実際問題，普段一緒にいる人間同士でも評価の件は難しいので，まして社外となると，

評価基準がよほど明確でないと難しいのではないでしょうか？

──なるほど，よくわかりました。社会人としての対外的なアウトプットは，どうしても会社とは切り離せないでしょうから，皆さんのご心配はよくわかります。

──それでは最後に，人材採用にあたって大きな影響力を持たれている皆さんから見て，採用時にどのような課題があるとお感じになっているか，おうかがいできますか？

W氏　新卒の学生さんに求めるのは，タフな人物像です。特に信念を持っていることや，失敗にへこたれないメンタルが重要で，卒業時点での知識や経験に特段の有為性があることは，事実上ありませんね。皆さん学生時代に本当にへこたれるほどの難しい場面には出会っていないのではないかと思います。社会人の方であれば，おわかりいただけるのではないかと思います。ほんとに苦しい状況は会社に入ってからですから。だからこそ，実社会で壁にあたり悩み苦しむときに，そういうことにめげず，思考も停止しない強さを面接でも重要視して見ています。大学の成績は，その評価の対象自体，当社で役立つ視点ではないので，見るには見ますが，実際には成績の良さがアドバンテージになりません。むしろ，特に高学歴な学生さんほど，自らの力量や評価に過信が目立ち，本人も周りも苦労することがありますので，そこを意識する位ですね。

A氏　学生さんは育ててみないとわからないところが多いので，最初から先入観は持たないようにしています。入社当初は，会社にいろいろな希望を言う場面もありますが，自然に会社になじんでいきますし，それが当然だとも思います。そう考えると，大学の成績や成果は，ほとんど企業では意味がないし，そういう実践的な勉強は，社会において企業が行うしかないと思っています。大切なのは性格や価値観で，学内での評価にはあまりとらわれないでほしいと思いますね。

T氏　新卒の学生さんは，どんなに優秀であろうと，まだ世の中でビジネスとして役立ち，お金がとれる力量には達していないと感じています。もちろん，そういう方もいるということは存じていますが，きわめてレアケースだと思います。

いまの大学でそういう力量を身につけてくるとは思えないですね。大学でもビジネス社会の視点を取り入れて、ビジネスリーダー的な人材育成の観点を評価や施策に取り入れないかぎり、研究者の視点だけではそういう人物の育成は到底難しいと思います。

　ビジネスは確たる成果や実績を積み上げることだけに目標をおくのでなく、何よりもやってみることが重要だと考えています。世の中では仮説だけでは通用しない。仮説を立てるのは次に進むための準備であり、大切なことは、実際にやってみて、多くの重要な情報を手に入れることがとても多いですからね。理屈を述べるより行動自体が重要で、いわば「Do学」のようなものを考えたいと思っています。当然ですが新入社員だけでなく、自社の社員にもその意識を持たせたいと思っています。

　そういう意味では、このeポートフォリオ的な情報は、ある意味ではとても重要な情報だと思いますので、充実すれば良い情報になる可能性はあると思いますよ。

———皆さんありがとうございました。様々な課題、しかもかなり根の深い課題もあったと思います。率直なご意見本当にありがとうございました。また、eポートフォリオにも一定の可能性は見いだせたと思います。リアルで役に立つ情報として、さらに発展させていきたいと考えています。

　さて、企業の方のご意見は、いかがだったでしょう？
　まだ、現時点では企業の方はeポートフォリオについてご存知ではなく、就活に活用されているという状況ではないようですが、すべての方がeポートフォリオに興味を持っていただいている様子は伝わってきたと思います。

　ただ、ここで重要なのは、すでに第2章などで触れられているとおり、「単にeポートフォリオという名前がついているもの」、単にレポートが並んでいるだけ、単なるブログや日記でもダメ、振り返りがあるだけでもダメで、「見る人が価値を感じるもの」にする必要があるという点です。

企業視点からのeポートフォリオへの期待　63

その意味で，大学内での閉じた評価軸，評価基準ではなく，企業と一緒に価値基準を作り上げるということも重要になってくるのかもしれません。例えばGoogleの場合，「11 skills you need to master to land a $100,000 engineering job at Google」[1]という記事で，1000万円[1)]稼げるエンジニアになるための11のスキルを挙げています。日本の企業もこのように自社に必要なスキルを明確にしていくことで，学生の就活にも活用できるeポートフォリオを構築しやすくなるのではないでしょうか。

　不毛な面接対策をやめ，就職面接の際，タブレットを使って自分のeポートフォリをアピールする，そんな時代がやってくることもそう遠い未来ではないと予想しています。

第5章 ▶ ▶▶▶

eポートフォリオ主導の学習を成功に導くための"ひけつ"
—— 21世紀型スキルの促進とともに

[寄稿：Judit Török]

▌5.1　はじめに

　eポートフォリオの活用は高等教育における教育，学習，評価を成功裏に統合するだけでなく，21世紀における学習に必要な能力と習慣を身につける助けにもなる。ここでいうeポートフォリオとは，多くのeポートフォリオ研究者が研究報告の中で述べるように，学びのプラットフォームおよび教育法の双方を指している[1]。また，21世紀型スキルとは，グローバル化とデジタル化が進む社会において学習者がキャリアを積み重ねるために欠くことができないと教師が考える技能のことである[2]。現代教育において21世紀型スキルがカリキュラムデザインのために利用される一方で，21世紀型スキルを定義することは容易ではない。しかし，その言葉の厳密な定義への総意があるかないかは，eポートフォリオ実践における様々な効果を低下させるものではないと考えている。本章の目的のために，21世紀型スキルに関する膨大なリスト項目を次のいくつかの項目に絞り込んだ：

- コラボレーション（協調）とコミュニケーション
- ソーシャルラーニング（社会的学習）
- デジタルアイデンティティの管理
- クリティカルシンキング（批判的な思考），クリエイティブシンキング（独創的な思考），イノベーティブシンキング（革新的な思考）
- デジタル情報リテラシーとメディアリテラシー

これまでいくつかの立場でeポートフォリオと関わってきた。教員としては，

学生に彼らの学びと最近の出来事や実生活とを結びつけるように促すことで，学習内容と関連するラーニングポートフォリオの作成を支援してきた。人材開発プログラムのリーダーとしては，学生のやる気を高め，積極的参加を促すために，学部教員が実務的内容の授業設計を行うように支援してきた。現在は，学習カリキュラムに基づいた全学レベルでの学習成果の評価とポートフォリオ実践を連携させる業務を行っている。以前，大学間連携研究プロジェクト（Connect to Learning）へ参画した際に，米国内のいくつかの大学で行われた e ポートフォリオの優れた実践事例（ベストプラクティス）を調査し，e ポートフォリオ実践の主要領域を示す概念図を作成した。本章では，それらの経験をもとに，21 世紀型教育に役立つ e ポートフォリオ実践を始動させ，構築し，強化し，発展させるための 6 つの "ひけつ" を示す。

(1) 実例主導にする（協調性，コミュニケーション，ソーシャルラーニングの促進）

(2) 新技術に順応性を持つ（デジタル情報とメディアリテラシーの促進）

(3) 関連性を示しやる気を起こさせる（創造性と独創性の促進）

(4) リフレクションによる学びを実践する（クリティカルシンキング，クリエイティブシンキングの促進）

(5) アクティブラーニングのための学びのプラットフォームを用意する（デジタルアイデンティティの形成と管理の促進）

(6) 身につけたコンピテンシーを評価する（組織内でのコミュニケーションやコラボレーションの促進）

5.2 6つの "ひけつ"

ひけつ 1：実例主導にする

　e ポートフォリオを学生の日々の学びのプロセスへ組み入れることは，特に，e ポートフォリオ学習を表面的にしか理解できていない教員にとっては，簡単な

ことではない。いまの大部分の教員がeポートフォリオについて浅い理解しか持っていなくても不思議ではない。なぜなら，彼らが学生であったときには，電子的なポートフォリオは一般的ではなかったからだ。人材開発プログラムにおいて成功している手法の1つに，教員に自身のプロフェッショナルeポートフォリオを構築させ，定期的に更新させる方法がある。もし教員が教育，研究もしくは，専門職務の実践においてある程度ポートフォリオを活用しているなら，彼らの学生はリフレクションによる（reflective）フォリオシンキングを理解していると期待してもよいと思う。ポートフォリオを学習教材の提示に利用している教員がいる一方で，多彩なポートフォリオツールを用いて課題のフィードバックを行っている教員もいる。リフレクションは記録作成によりなされる活動だと考えている教員もいれば，自分の専門やラーニングポートフォリオをクラス内で共有することだと考えている教員もいる。教員と同様に，ほとんどの学生がeポートフォリオは「アドオンである」，つまり必須ではなくオプションであると考えているので，教員と学生の両方に対してポートフォリオ利用の良い例が必要になる。フォリオシンキングをより完全に学びのプロセスへ組み入れるためには，教員はeポートフォリオをクラス内でのデジタルコミュニケーションの基本手段の1つとして定着させる努力をしなくてはならない。事例主導，つまり教員がリフレクションを記録したポートフォリオを使い示すことは，学生間や教員と学生間の協調，デジタルメディアによるコミュニケーション，グループベースもしくは，プロジェクトベースポートフォリオを用いたソーシャルラーニングなどの重要な21世紀型スキルを強化する。

ひけつ2：新技術に順応性を持つ

　我々はデジタルな世界に住んでいる。急速に進化するデジタル技術により，ショッピング（買い物），コミュニケーション（会話），エンターテインメント（娯楽），ティーチング＆ラーニング（教授と学び）とあらゆるものが新たに形づくられてきた。コンピュータの性能はいまも指数関数的に成長を続けており，いまの学生たちは，携帯電話，タブレット，その他のウェアラブル機器を利用して学

びや研究のための資料（アカデミックリソース）へアクセスできる[3]。eポートフォリオプラットフォームもまた急速に変化を遂げている。自己啓発を計画するのためのツール，デジタルバッジや，国もしくは州レベルでの認証基準をプラットフォームに取り込んできた。この「テクノロジーの侵襲（intrusion of technology）」は，ほぼすべての高等教育実践へ影響を及ぼした。ティーチング＆ラーニングのための新たなデジタルツールの利活用と向き合う方法は，変化に対する柔軟性と寛容さを持つことである。eポートフォリオもまた，新技術を受け入れる土壌を構築するように組織的に関与することで，必然的に我々は恩恵を受けることになると考えている。多くの学生，特にデジタルネイティブは最新のガジェットやアプリ，ゲーム，その他学習に適用可能なツールの導入を喜んで受け入れるだろう。教員は大学の執行部と協力して，デジタル情報リテラシーやメディアリテラシーといった21世紀型スキルの教育とeポートフォリオ実践を有機的に連携させるためにデジタル世代と向き合う必要がある。あるときは，トップダウン戦略（まず大学執行部が，高等教育の大局的展開に対して組織のビジョンを策定し，その後，計画を組織全体へと展開するアプローチ）とポートフォリオ実践とをうまく同調させ，またあるときには，ボトムアップ戦略（実践資金が制約された状況下で活動するアプローチ）とポートフォリオ実践とをうまく同調させる必要がある。しかし，絶えず進化している分野である教育テクノロジーにより，両戦略は影響を受ける。結果的に，eポートフォリオを活用した教育実践により，学生は適切なネット上での振る舞いについて考え，デジタル情報リテラシーを通しクリティカルシンキングをできるようになる。

ひけつ3：関連性を示しやる気を起こさせる

学生が自律的学習者になるために，学生のやる気を起こさせるにはどうすればよいのだろうか？　これはeポートフォリオだけでなく，より広い教育実践の話題においてしばしば問われる重要な問いである[4]。教育における興味関心を引き起こし，継続するためには，学生のモチベーションがキーであると思う。筆者は，学生を動機づけるあまたある手法の中で，教室内での学びを実生活での経験

と結びつける手法が最も効果を発揮する手法だと考える。言い換えれば，学生が各自の実生活やアカデミックゴール，キャリアプランに対して具体的なかたちで学びを応用する手法を理解するように手助けすることで，我々は，学生が自信を積み上げ，学習し続ける動機を高めるよう支援する。e ポートフォリオは知識統合を行うには非常に優れたプラットフォームである。それは，e ポートフォリオを利用することで学生は教科書にある事例と自分が住む地域の社会，経済，健康問題との関連性を見いだすことができるようになるからである。リフレクションのための記録作成や，学びの結合，他者との共有を通じて，どうすれば地方問題や国際問題に強くなるか，どうすれば異文化コミュニケーションが上達するか，環境保全はどうすればよいかなどの様々な分野における理論と実践の関連性を学生は理解し始める。e ポートフォリオは，サービスラーニングやコミュニティベースでのボランティア活動，その他の体験学習プロジェクトの文書記録作成ツールとしても優秀である。手軽に編集でき，かつ学生に所有権のあるポートフォリオはイノベーティブシンキングを促進し，学生は個人やグループのポートフォリオにおいて自分のアイディアを他者と共有するための一歩を踏みだす。オンラインコンテンツの管理だけでなく，学生が読み手を意識し証拠に基づいた意見を構成する方法を学ぶと，彼らは動機づけられたと考えてよい。e ポートフォリオは，関連づけられた学びを公に見えるようにすることで，創造性やイノベーティブシンキングといった 21 世紀型スキルを上達させるための強力なツールとなる。

ひけつ 4：リフレクションによる学びを実践する

　e ポートフォリオシステムそれ自体は学生の学びを何らサポートしないが，リフレクションを含む e ポートフォリオ教育実践は学生の学びを支援する。ポートフォリオは多彩な技術基盤の上に成り立っているけれども，ポートフォリオ教育が成功するためのカギはリフレクションをより深く何度も繰り返すことにある。リフレクションの第 1 の効用は意味づけすること（meaning-making）にある[5]。意味づけとは，関連性を形式化し，連続性を明らかにして，学習者にとって納得のいく世界観を構造化することである。リフレクションのプロセスは，クリティ

カルシンキングの質を高め，生涯にわたり転用可能なスキルを身につけるために必要不可欠である。高等教育においてeポートフォリオを用いるリフレクションは，学生をより深い学びへ向かわせることにある。慎重に練られ段階を踏み積み上げられたリフレクションのための補助的な刺激は，知識創造のプロセスを促す。そして，このプロセスは電子的な情報プラットフォームが最も得意とする。教員は，まず学生に方針を示し，次いで学生自身のeポートフォリオにおいて行われた多面的なリフレクションを褒めなくてはならない。ここでいう多面的なリフレクションとは，単に書くことだけにとどまらず，話すことや実演，アート，デジタルストーリー，その他のマルチメディアを利用したリフレクションを指している。このリフレクションによる学びを習慣づけるためには，教員は学生にリフレクションについて教え，その実践を促し，繰り返し行わせる必要がある。eポートフォリオを用いた教育実践がさらに進めば，再帰的なリフレクションを通じて，学生のクリティカルシンキングとクリエイティブシンキングスキルは改善され続けていくであろう。

ひけつ5：アクティブラーニングのための学びのプラットフォームを用意する

　総合的に見て，アクティブラーニングの有効性が検証されているにもかかわらず，講義は高等教育機関における最も一般的な教育ツールとして今日もまだ利用され続けている[6]。その一方で，アクティブラーニング方略は学生を学習過程により積極的に参加させる取り組みであり，視聴覚教育，クラスライティング，実生活をもとにした問題解決，コンピュータベースインストラクション，協同学習，討論，ロールプレイ，シミュレーション，ゲーム，ピアティーチングといった多彩な教育手法と関連している。eポートフォリオはまずはじめにアクティブラーニングのプロセスを記録するプラットフォームとして利用され，その後はアクティブラーニングのプロセスを評価するプラットフォームとして機能する。例えば，反転学習（inverted/flipped classroom）では，学生は学習教材を使い自宅で学習する。彼らの自宅学習には，自らの問題解決であったり，メモや記録を

取りながらビデオを見るといったことも含まれる。さらに，自宅での学習に続く授業で，理論的な問題の様々な応用について考えるようにし，学生が授業に没頭するように授業内でディスカッションやディベートを行う。このようなアクティブラーニング方略のさらなる導入により，授業の時間が充実したものになる。反転学習におけるeポートフォリオは，教員が提供する教室外での学習活動のための資料置き場であると同時に，コース学習のコンピテンシーと直接結びつく学生プロジェクトの成果物の保存場所としても活用される。同様に，eポートフォリオは経験学習において中核をなし，学生所有型の学びのプラットフォームとしてあらゆるタイプの体験学習に威力を発揮する。そのプラットフォームは，学生の学んだ経験を，要求される学習成果として構造化するために利用される。社会の中で能動的に学ぶことを公開する手段であるポートフォリオは，互いの経験を共有したり評価することを可能にし，学習者にやる気を起こさせ，学際的な活動について他者とのコミュニケーションを活性化し，興味や関心に動機づけられた学習者を相互につなげる。加えて，開始から終了までのアクティブラーニングのプロセス全体をeポートフォリオへ記録させることにより，学生は自身のデジタルアイデンティティをどのように管理すべきかを学ぶ。そして，突き詰めれば，そのことが彼らの学術的な経歴に付加価値をつける。学生は自身のLinked-Inのプロファイル上にデジタルバッジを表示でき，就職活動する際に電子履歴書でも利用することができる。eポートフォリオをアクティブラーニング，ソーシャルラーニングのショーケースのプラットフォームとして機能するようデザインした場合には，学生は自身の学術的アイデンティティについてより深く考え，それを創造し管理する21世紀型スキルを身につけることができる。

ひけつ6：身につけたコンピテンシーを評価する

　組織の構成員（教職員，学生）に受け入れられるためには，ポートフォリオプロジェクトをスケールアップ(拡充)するための戦略が重要である。ここでスケールアップとは，試験的な小規模の実践を組織内でより幅広く実践することを指す。組織的な賛同を得るための1つの方策は，ポートフォリオを全学レベルでの学習

5.2　6つの"ひけつ"　71

成果評価実務と連携させることである。ここで，全学レベルでの学習成果評価実務とは，広い意味での組織目標やKPI（Key Performance Indicator；主要パフォーマンス指標。例えば，在籍率，修了率，合格率，就職率）である。学習課題の収集や，プロジェクトの編成，学びのコンピテンシーと連携したリフレクションを含む統合されたeポートフォリオは，経年的な学生の学びを測定するための適切な道具となり得る。いまのほとんどのeポートフォリオプラットフォームには，学習の達成度合いを学生や教員に示すためのルーブリックやコンピテンシーチェックリストが含まれている。ポートフォリオは学生やプログラム（課程），そして全学レベルでの業績データを組織に提供できるので，学習成果をより詳細に分析することができる。カリキュラムと並行して行われる教育活動や雇用，入学，同窓会といった，他の領域で，学習成果物の評価指標とポートフォリオとを関連づけると，学生が生涯にわたり学習を行う道標となるかもしれない。フォーマル，インフォーマル[7]を問わずカリキュラムにおいて，ポートフォリオが学生の到達度評価のためにより中心的な役割を果たすようになれば，その方針は学部／学科を超えた対話や協力を進展させると予想する。より大きな組織によるサポート，教員のeポートフォリオの利活用に対する意識，学習コンピテンシーとの調和をとることにより，eポートフォリオは21世紀型スキルのうちのコミュニケーションとコラボレーションを着実に強化し続けていくと考える。

5.3　まとめ

　高等教育における多様なeポートフォリオ実践は絶えず変化し，また進化し続けており，そもそも多年にわたる評価に主眼のあったポートフォリオ実践が学生の自己啓発や学力向上のために戦略的に計画され実践されるかたちへと姿を変えてきている。当初，就職活動のための電子的な履歴書であると考えられていたポートフォリオは教室内外での学習活動のショーケースになってきている。学生の多くは授業で良い成績を取るためだけにポートフォリオを作成し，教員の多くはやらなければならないという理由だけでいまだ学生にポートフォリオの作成を求め

ている。しかし，ポートフォリオがより深い学びやリフレクション，創造性を助長する手段を提供するという実践事例の増加に伴い，旧態依然としたティーチング＆ラーニングの枠組みに変化が見られるようになった。ポートフォリオは，学習経験の包括化・統括化・可視化・デジタル化といった学習経験のリフレクションや概念化を支援する。この学習経験のリフレクションや概念化は，学生，教員，組織にとり重要なスキルの獲得を促すことになる。ポートフォリオ学習の重要な側面として，学習コンソーシアム（コミュニティ）の形成がある。各組織の教員や執行部がコンソーシアムへ参加し，互いの組織の最良の事例(ベストプラクティス）を共有することである。リフレクションの土壌，協同し合う土壌を育てることにより，eポートフォリオを活用した教育や学びそして評価は，必ず成功へと向かい，現代の学びをより確かなものとし，高等教育におけるあらゆる支援を可能にすると確信している。

コーヒーブレイク 4

eポートフォリオは真正な学びと評価を与える？

　「ポートフォリオを利用したリフレクション活動は，真正な学びであり，真正評価を学生に与えます。eポートフォリオを使えば，学びにおける過程が明確になり，これまでのペーパーテストや学期末レポートでは計れない真正な評価を与えることができます。真正な評価とは，最終的にできればよいというペーパーテストやレポートとは違い，ルーブリックを使い評価を学習の一部として埋め込み，学生自身による評価活動自体が学習そのものであるという考えです。内省して，振り返ること，つまりリフレクションから学びが生まれます。eポートフォリオを活用したリフレクション活動から真正な学びが生まれるのです。」

　eポートフォリオシステムの導入・実践に関する報告の中で，このような話を聞かれたことはないでしょうか？　このような主張を聞くたびに，真正って何？eポートフォリオを利用した活動が「真」に「正」しくて，それ以外は「偽」（ニセモノ）なの？という印象を持ち，何だかモヤモヤしてしまいます。

　真正という語は，英語のAuthenticの訳からきています[1]。Authenticの語源を辞書で引くと，「late Middle English：via old French from late Latin authenticus, from Greek authentikos 'principal, genuine'」（Oxford Advanced Learner's Dictionary）と記述されています。「真正な」という語（感）に惑わされがちですが，学習評価は何のため？＝学習者が学習項目（内容）を理解した（できるようになった）ことを計るため！ということを小難しく言っているだけと考えると，上の話は，「わかった，わからないを学習者自身が小さいステップで一歩ずつ確認していくことが重要だ」と解釈することができます。リフレク

ションを文書化するという学習活動をある評価基準に基づいて行うのも Authentic な評価ですし，小テストによる理解度確認も Authentic な評価です。重要なのは，学習者自身が，学んだ事項（内容）を理解していると客観視できるかたちで得ることにあり，手法や期間は問題にはなりません[2)]。ここで取り上げた話題では e ポートフォリオシステムの必要性，出番はありません。しかし，学んだ（理解したと本人が考えるときの）情報（データ）を記録し，かつ必要なとき，忘れたときに検索・抽出するための道具があれば便利だと思いませんか？学んだ事項を忘れたとき[3)] に抽出できる何らかのシステムを e ポートフォリオと呼ぶならば，科目ごとに学びの記録（データ）を管理する LMS とは異なり，学習者の学びに関するあらゆる情報（データ）を一括管理，検索できる e ポートフォリオシステムは，学習記録や成果物（データ）の可搬性（使い回し）を上げるだけでなく，既習情報，以前作成した成果物を再利用する際に必要となる思考，与えられた課題の十分な理解と，他科目での学び，過去の学習成果物と現在の課題との関連性の抽出・概念化による新たな学び（知識の整理と統合）を生じさせることに役立ちます。

　欧米の先進組織が e ポートフォリオシステムを導入し，それを活用した教育・学びの実践を押し進めている理由の１つは，このポートフォリオ学習プロセスを身につけ自立した学習者を育成することにあります。図１はポートフォリオ学習プロセスの１つであるフォリオシンキング（Folio Thinking）を模式的に示したものです。フォリオシンキングは，収集（Collection），選択（Selection），リフレクション（Reflection），共有（Connection/Sharing）の４つの学習活動で構成され，（１）実行した行為について省察し，次に続く行為へのリフレクションを繰り返す「内省的学習（Reflective Learning）」，（２）断片化した事実に意味を与え，専門分野内外の事実と関連づける「統合的学習（Integrative Learning）」，（３）共同体に参加することによってアイデンティティを形成する「社会的学習（Social Learning）」の３つの次元からなっています。フォリオシンキングを取り入れた科目では，これら４つの学習活動を課題作成やコースワークを通して再帰的に繰り返すことによって，学生をより深い学び＝フォリオシン

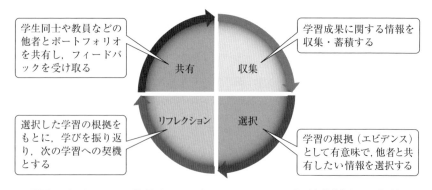

図1 ポートフォリオ学習プロセス（フォリオシンキング）（文献[1]を元に作成）

キングへと導くよう設計されており，学生はフォーマル，インフォーマル[4]を問わず，自己の学びを自然とポートフォリオ学習サイクルで行えるように訓練するよう促されます。

　ポートフォリオ学習プロセスは，自己の思考と知識を整理し，責任を持った知識・知見へと統合することと言えるかもしれません。前著では，Authentic Learning（真正な学習）を「学生が現実世界の問題に対応できる考えや関係性の探究と育成を促すリアルな学習」と述べています[2]。学習を学習者自身が知識を取得，構築する過程としてとらえ，様々な活動において知識を必要とする状況で他者（学習者）との関わり合いを通じて学ぶという考えに基づけば[5]，eポートフォリオという道具は，フォーマルとインフォーマル学習の仲立ちをし，知識の獲得（学びの統合）を手助けするものと言えるでしょう。

第6章 ▶ ▶▶▶

成功へのプランニング

［寄稿：Janice A. Smith］

6.1 はじめに

　eポートフォリオシステムが本来の目的に沿って効果的に活用されるならば，教育に大きな変革をもたらすことができると信じている。教育は学習者（学生）中心で評価志向のあるものとなり，学生にリフレクションと知識の統合を促し，その結果，学生は自身の学びと，実社会との関連性をより強く意識するようになるだろう。

　ポートフォリオ実践の焦点が学生の学びそれ自体におかれ，学生が自身の学びを評価するプロセスを身につけたとき，評価データはより豊かなものになり，学びがどのようにして起こっているかを知ることができるようになる。学生は授業において学んだことについてより深く考え，カリキュラムを横断し，あるいは越えて学び／知識を結びつけることを促されるため，学習内容と自身の理解度を明確に認識し，生涯を通じて学び続けるための計画を立てることができるようになる。学生が学んだことをポートフォリオ上で共有し，クラスメイトや両親，メンター，将来の雇用者などからフィードバックを得られれば，他者が自分をどう見ているか，自分が自分自身をどのように評価しているかについて，より明確な気づきを得ることもできるであろう。

　ポートフォリオはメタ認知を促進する。この考えを説明するため，筆者の専門分野である言語学習と教授法を例に挙げる。新しく言語を学ぶ者は，学習する言語の構造と慣例を意識するようになったときに最も上達する。教員はそれを意識したうえで，学生がどのように言語と関わっているか理解する必要がある。また

教員に教授法を教える者はその2つに加え，教員がどのような働きかけを学生にすれば，学生の学びにより良い効果をもたらすかについても理解しておく必要がある。ポートフォリオは，学生の学びに対する教員のサポートと同様の役割を果たすことができる。あらゆる学問分野，活動においてポートフォリオは活用できる。ある系（学問分野や活動を意味する）での事象（学びや経験を通して得た知識）は，別の系において，それがどのように形成されているかを理解するのに役立ち，より複雑な系における事象を理解する際には，以前の別系での事象をどのように当てはめれば，それを理解できるかという知識の結合，応用を学生に促す[1]。

　多くの教育機関では，自組織の教育プロセスを示すために適切なソフトウェアを選択し，カスタマイズしたうえで，eポートフォリオシステムとして利用している。十分に設計されたeポートフォリオシステムは，学習成果の収集，選択，リフレクション，共有／評価という，いわゆるポートフォリオ学習プロセスにおいて，教員，学習者，批評者，評価者，それぞれの役割を十分に考慮し構築されている。学生が学びにおける自身の役割を明確に理解したときに，ポートフォリオを活用した実践に関わったすべての教員の努力は報われ，達成感を得ることができるだろう。

　ポートフォリオプロセスに積極的に参加する学生は，デジタルアイデンティティや独自の学習プロセスを築き上げ，自身の能力や技術を世界へ適用し，どれだけ深く広く学んだかを他者に向かって表現する。自分の学びに責任を持った学生のポートフォリオを見るのは，心を動かされる体験であり，彼らは自分が何者か知っていて，勇敢に熱意を持って自身の将来と向き合っているとだれもが感じることだろう。学生の成長と変化を促す方策として，ポートフォリオを活用する以外にもっと良い方策があるならば，それをぜひ，私に教えてほしい！

6.2　eポートフォリオ実践を成功するための十か条

　どのようにすればeポートフォリオシステムを利用して，学生の学びを変えて

いくことができるのだろうか？　この問いに答えるため，eポートフォリオシステムの実践運用において，すべきことと，すべきでないことを10項目示す。以下では，順位とともにその重要度は増していくと考えてほしい。

10位：eポートフォリオの利用目的を明確にすること

　教育機関は多くの場合，学びを深め，学生の自主的な活動をサポートし，1人1人に自己変革を促すために，eポートフォリオを導入する。しかし，執行部の不勉強，教員への過剰な負担，さらにプロジェクトに対する当事者意識の欠如のせいで，eポートフォリオは往々にして，組織活動や管理・運営のためのデータ収集だけに利用されるようになってしまっている。

　eポートフォリオプロジェクトを軌道にのせるには，ポートノォリオがどのように学生の学びを改善できるか明確に理解している教員による強力なリーダーシップが必要である。eポートフォリオシステムを単に，革新的な技術によるツールの1つとして導入するだけでは，学生の学びを改善する効果はほとんど望めない。学生や教員にいつ，どのように，なぜポートフォリオを使うかを伝え，その理解を得て初めて，教育に変化をもたらすことができる。そのようなリーダーシップと熱意なくしては，eポートフォリオシステムは現状維持，あるいは状況をさらに悪化させる手段にしかならず，昔お気に入りだった玩具のように，いつかは手放され，使われなくなるだろう。

9位：ポートフォリオ学習プロセスの中心にリフレクションを組み入れること

　eポートフォリオシステムは容易に書類／データの整理棚の役目へ追いやられてしまう。それでは役には立っても学びを深める効果はほとんどない。eポートフォリオシステムは書類整理棚としてではなく，メタ認知を伴うリフレクション活動を促す手段として使われるべきである。様々な活動[2]と思考を刺激するような思慮に富んだ助言（フィードバック）を学生へ与え，何度も繰り返しポートフォリオと向き合うことを奨励する一方で，明確な指示を与えて，あいまいにな

6.2　eポートフォリオ実践を成功するための十か条　　79

りがちなポートフォリオ活動の焦点をはっきりと意識させることが重要である。学生の作るポートフォリオが機械的で，単にデータを羅列したものになることがないように，教員は想像力と創造性を働かせて指導にあたる必要がある。eポートフォリオシステムを導入する際には，学生が，生涯を通じた学びのためにこれを使いたいと思わせるような方略をしっかりと検討すべきである。

　大部分の学生はリフレクションという活動に慣れていない。それゆえ，なぜ，どのようにしてリフレクションを行うのかを学ぶための訓練の場が必要である。それを身につけるための唯一の正しい方法があるわけではないが，リフレクションとは，少なくとも，学生が教員を喜ばせる発言をすることでは決してない。学生が自分の意見を表明する，学習進捗を自己判断する，いまの自分の理解度，目的に向けて，今後，何を学ぶべきかについて，的確に判断し提示できるようになるためのサポートを教員は行う必要がある。学生が学習プロセスにおける自分の長所と短所，自己の学びを進める最善の方法，学ぶ動機を理解したときに，リフレクションは最も効果を上げる。ポートフォリオへの丁寧なフィードバックや指導，思慮深い評価コメントを教員が学生に与えることにより，学生はリフレクションをより積極的に行うように促され，学習プロセスへのより深い理解と認識へとつなげることができる。

8位：コンテクストの中で学習エビデンスを記録するよう学生を促すこと

　ポートフォリオに収められる学習エビデンスは，その出処・出典を示すことにより，その価値をいっそう高める。そのエビデンスを確認した，あるいは作り出した経緯を学生に示させるべきである。ポートフォリオに収められている異なるタイプのエビデンスを関連づけ，学びの成果を様々な手法で示すことを学生に促そう。学生がいつ，どこで，なぜ，どのようにそれを記述するかによりコンテクストは変わる。ポートフォリオの閲覧者（教員やクラスメイト）にとってその記述は，ポートフォリオを豊かにし，エビデンスがどのように学生の学びを表しているかを伝えてくれるだけでなく，より良いエビデンスを得るための一連の作業，その学生へどのような指導を行うのが最善かについてなどの示唆も与えてくれ

る。エビデンスの出処を明示するというこの重要なタスクがなければ，学習エビデンスはまとまりがなく，的外れで，あまり有益でないものに見えてしまう。エビデンスの出処を示すことで，学生が学びに関して行う主張の信頼性がより高まるのである。

7位：学生に学びの成果を理解させ，それをより深めるために ポートフォリオを利用すること

様々な教育的な取り組みに対する正当な批判の1つに，学生たちは何を学んでいるか，なぜそれを学べと言われるのかわかっていないというものがある。この批判への対応へのカギは，学習成果（基準，能力，あるいは目的と呼ばれることもある）を有効に活用し，何を学んだのか，なぜ学んだのかに対する学生の理解を促すことにある。ポートフォリオは学習成果（物）を示し，学生にそれを認識させることができるため，学習に透明性を与える。学習成果のエビデンスに対する教員の評価は，学習プロセスにおいて非常に役立つ。また，学生の自己評価と教員評価の比較も有益である。学習成果に焦点を当てることが最も有効なのは，学習成果と向き合う際，自身の進捗を観察するように促された場合である。

学習成果が適切だと認識されない，学生間で成果が共有されない，あるいは，学生がポートフォリオ活動において，どのような成果を求められるかを理解できていないなどの問題があると，ポートフォリオはうまく機能しない。学生がポートフォリオを用いた学びを本当の意味で自分のものにするためには，学生が自己の学習成果を確認し，何を学んだのかを明確に理解しておく必要がある。そして，学習成果物は，学生の経歴や能力にふさわしい水準で作成されなくてはならない。

6位：学生が自分の学びの実状を把握し，適切な自己評価をするための 努力を促すこと

教育的取り組みに対するさらなる批判に，学生は適切に自身の現状を表現するよりも，教員を喜ばせる発言，意見を述べがちなレポートを書くように仕向けられているというものがある。ポートフォリオは，適切な態度と言葉で事実を語り，

周囲と調和し，個々のアイデンティティを肯定することを促す理想的な環境を提供できる。教員を満足させるためだけに偽りのイメージを示し，将来の成長の妨げになるような行いは，ポートフォリオの利用を通してやめさせていかなくてはならない。学生は1人1人，成長の仕方も，学びを改善するための方法も異なる。学習エビデンスを作り上げ，選び，記録すること，学習プロセスにおけるリフレクションを通して学びを深めることは，事実を語るための訓練や自身の学びの質とレベルをできるだけ正確に把握するための訓練になる。自分が学習プロセスのどの段階にいるのかを把握することなく，学びの進度を明確に示すことはできない。学生のポートフォリオに対して批判的なコメント（フィードバック）ばかり記述する教員もいるが，批判的なコメントは，学生の学びの進展を容易に妨げてしまうことを理解しておくべきである。フィードバックの際は，教員が期待した点まで学生が進んでいないことを批判するのではなく，彼らが学びを改善し，より適切に自身の学びを説明する方法を提案する方が建設的であることを知っておくべきである。

5位：コンテクストや分野を横断した学びの統合を支援すること

現代の教育体系では，専門分野別の教育が大半であり，分野を横断した学びの転移・転用を促すための支援がなされることはほとんどない。また，課外活動はしばしば正課活動と切り離されて考えられ，学生がある分野から別の分野へ学習を転用することを促してもいない。本来，学問と実生活に区分はなく，知識や技術をある分野から別の分野へ，それも多くは無関係の分野へ，応用することを求められるのが普通である。ポートフォリオは，社会生活において重要な，生涯学び続け，知識と技術を統合するというスキルを学生に身につけさせ，高めるのに役立つ。加えて，ポートフォリオは学生がある分野やコンテクストでの学習エビデンスを別の分野やコンテクストにおける自身の活動に応用・転用する機会を与える。神経科学分野では，学習経験を横断して知識や技術を転移するプロセスは，無意識の活動ではなく，意識的な努力を必要とする活動だと考えられている。ポートフォリオはこの重要な活動を訓練する環境を提供し，複数の学習経験を横断し

た知識の統合を促すことができる。ポートフォリオ作成時に，学生にある分野や
コンテクストで得た知識や技術が別の分野やコンテクストにも生かせるかどうか
を確認させること，それが成功する確率や，将来役立つと思われる方法を明らか
にするよう求めるとよい。学習成果物をうまく活用するように促せば，学生は学
習経験を横断した学びと知識の統合をより効果的に行えるようになるだろう。

4位：教員にポートフォリオ作成についての指導とサポートを
奨励すること

　ポートフォリオ活用教育において，教員が継続的な指導を怠ったり，注意を払
わなかったりすると，学生はたちまちポートフォリオ作成に対する興味を失い，
教員がより重きをおく別の活動に努力を向けるようになる。また，ポートフォリ
オ作成が，好奇心を刺激しない，機械的で退屈なものだと，学生は教員の助言に
対して質の高い回答を続けるのが難しくなるだろう。

　すでに多くの仕事をかかえ，さらにポートフォリオ作成への指導責任が加わる
ことに，当然ながら多くの教員は反発するだろう。しかし，どんなに多忙なスケ
ジュールでも，ポートフォリオ作成を通した学生指導に割く時間を教員が捻出す
るよう促さなくてはならない。そのためには，eポートフォリオシステムで置き
換えることのできる時代遅れの教育的，事務的作業の時間を減らすことが最善で
ある。ポートフォリオ活用教育の実践へ，教員の参加意欲を高めるために，学生
がポートフォリオを使って自らの学習を管理するようになるとどうなるかの実例
を見せ，自身の従来の指導法を変える気にさせることも大切であると考える。消
極的な教員に対しては，学習コミュニティへの参画を促し，ポートフォリオ活用
教育の実践において，劇的な成功を経験した同僚に会う機会を与え，その気にさ
せることも良い方略であると思う。

　eポートフォリオシステムは様々な学習活動と，その活動のための環境を提供
している。教員が学生に行う助言や指導の内容は自由で，想定内の画一化された
ような情報の提示が求められているわけではない。理想的なポートフォリオ作成
過程には，学びに対し，創造的で支援的，相互作用的な手法／アプローチが含ま

れているものだ。言い換えれば，ポートフォリオを作る際に，教員の指導が少なく，いつも同じような退屈な作業だけでは，学生の作り上げる学習エビデンスも内容の偏った面白みのないものになってしまうと言える。

3位：教員，メンター，クラスメイトとの質の高い交流を通して学生のやる気を高めること

　学習は1人で行うよりも社会的に行われる方がよりその効果は高い。ポートフォリオ活用教育を実践するうえでの難関は，そのプロセスを社会的なものにする必要があるということだ。ポートフォリオの所有者は，閲覧者の承認と称賛を求めるあまり，しばしば完璧なポートフォリオを作ろうとする。その結果，仲間内で事を完結させてしまいがちになる。しかし，質の高いポートフォリオは，学習プロセス内に織り込まれた多くの情報源から繰り返し得られるフィードバックと密に交じり合い構築されるものである。

　建設的なフィードバックは，改善に向けた具体的なステップを示し，学生のエビデンスの選択，記録文書作成，リフレクションの質を向上させ，より深い学びを促す。苦言ばかりで励ましのないフィードバックではそれは望めない。学生に寄り添い，思慮に富むフィードバックを与えてポートフォリオへの取り組みを成功させることは教員にとって未知の経験かもしれないが，その努力はきっと，自身の教育方略を改善するために大きな価値を持つものになる。

　ポートフォリオ作成プロセスにおいて，学生間，あるいは先輩たちからのフィードバックは，適切に行われれば，学生のポートフォリオ作成意欲を非常に高めることができる。多くの学生は，相互フィードバックについての最善の方法を知らないでいる。学生間の相互フィードバックを成功させる最善の手法は互いに教え合うことにほかならず，ピアサポートに多くの時間と労力を投じてきた組織では，ポートフォリオ実践において大きな成功を収めており，学生の自尊心を高めるだけでなく，高い就職率を誇っている[3]。

2位：豊かな自己表現を可能にするシステム的選択肢を用意すること

　学生がポートフォリオに最も熱心に取り組むのは，教員によって示された目的だけでなく，個々の目的のためにもそれを利用でき，自己表現のための選択肢を持つと理解したときである。ここで，自己表現のための選択肢とは，学生がポートフォリオにどのエビデンスを含めるかの選択，学習成果物とエビデンスをどう結びつけるかの判断，以前のエビデンスの別用途での利用，教員からフィードバックを受け取るのと同様に自己評価し，他者に見てほしいエビデンスを選べることを意味している。選択肢が少なく，説得力のない表現しかできない画一的なポートフォリオでは，学生はすぐに退屈し，閲覧者も興味を失うだろう。学習エビデンスをどんな画面で，どんな雰囲気で見せるかを選べるeポートフォリオシステムを利用すれば，学生も意欲的にポートフォリオ作成にのぞめると考える。システムに柔軟性があるなら，あまり技術が高くない学生には単純な選択肢を与え，高度な技術を持つ学生に対しては，より複雑な選択肢を与えるとよい。システム的な選択肢には，レイアウト，ナビゲーション，フォントや文字色，見出しなどが含まれるが，非常に高い技術力を持つ学生のために，すべてを自分で設定できる選択肢を用意するのもよいだろう。魅力的に表現されたポートフォリオがたくさんあれば，教員もいっそう興味を持ち学生のポートフォリオを閲覧するようになるであろう。

1位：ポートフォリオの管理は，各自の個性を尊重すること

　組織評価のためのデータ入手を目的にeポートフォリオシステムを運用する組織では，eポートフォリオシステムという道具を利用して，学生が自身の学びを知覚するように促すことを怠りがちである。eポートフォリオシステム導入・運用実践において，ポートフォリオ学習プロセスよりも，その成果に注目する傾向は，学びの質の高さを示さないデータを作り出すという危険性に加え，教員だけでなく学生までもeポートフォリオシステムから遠ざけてしまう危険性を持っている。学生，教員，そして管理者がともに，このプロジェクトの当事者であると

いう意識を持ち，学生が自身の資質や能力を最大限に生かしたポートフォリオを作るために一致協力して取り組むとき，eポートフォリオプロジェクトは大きな成功を収めることができる。

　学習に関して最良のデータが得られるのは，学生がポートフォリオの内容はもちろん，ポートフォリオ作成において経験した学びのプロセスをしっかりと認識したときである。個々の学生がベストを尽くすよう常に働きかけることで，教員，管理者ともに，ポートフォリオによる恩恵を受けることができる。ポートフォリオ自体は学生1人1人の選択と興味を反映して作られ，改善され，共有されたものでなくてはならない。

6.3　eポートフォリオ実践の成果を上げるために

　eポートフォリオプロジェクトは，教育と学びをより良いものにし，学生の自尊心を高め，信頼できる評価データを生み出すことを約束する。同時にこのプロジェクトは相当な時間と資金の投入を必要とする。その一方で，長期にわたり継続的に学生にeポートフォリオシステムを利用させることは難しい。多くの場合，eポートフォリオシステムは多大な熱意を持って開始されるが，時が過ぎるとその熱意は急速に薄れてしまう。

　eポートフォリオシステムを利用し学生により深い学びを促すためには，教員がリーダーシップを発揮しなくてはならない。教員は，eポートフォリオシステムがもたらす大きな変化を受け入れ，長く行われてきた教育提供（授業）や評価の仕方を変える努力をする必要がある。教育と学習プロセスにおける根本的な変化に対するこの取り組みがないかぎり，eポートフォリオプロジェクトは十分受け入れられず，また関係者の参加を得られることもなく最終的には失敗するだろう。

　ポートフォリオの活用により期待される教育上の変化が起きることなく失敗に終わる原因には，次のような理由がある；

　・eポートフォリオシステムの導入目的が，その利用者である学生と教員に理

解されていない。

- eポートフォリオプロジェクトの担当者がリーダーとしての自覚や意欲を十分持っていない，あるいは仕事が多すぎて手がまわらない。それ以前にそもそも担当者がいない。
- eポートフォリオシステムの構築に際して，十分な人的，金銭的，技術的資源（リソース）を割り当てられていない。
- ポートフォリオ教育実践のためのツール（システム）は導入されているが，それを利用するための機能的，技術的サポートがほとんど，あるいはまったくない。
- 効果的な教授と学習に向けたeポートフォリオシステム利用に関する検討や計画がほとんど，あるいはまったくなされていない。
- 選択されたポートフォリオ実践のためのツール／テクノロジーが学生と教員のニーズに対して不十分，あるいは不適切である。
- 学内の教育関係コミュニティがeポートフォリオシステムの利点を理解しておらず，評価も支援もない。

6.4 成功するeポートフォリオプロジェクトとは

約20の高等教育機関におけるポートフォリオ活用教育の実践事例から，共通する成功理由を抽出し分類した。目的，リーダーシップ，資源（リソース），ポートフォリオ利用，教授法と学習，技術力，そしてコミュニティがそれにあたる。以下では，それぞれについての成功するための理由を個別に説明する。

ポートフォリオの目的を明確にすること

明確な目的を持ってeポートフォリオシステムを導入・運用し，成功した組織は，学生や様々な分野の教員の代表を含むあらゆるステークホルダー（利害関係者）を巻きこんで長期的な計画を立てている。実施されるポートフォリオ学習プロセスは，現在の組織や専門分野に合致するように作られる。また，複数のステー

クホルダーにまたがるポートフォリオプロセスを調整し，拡張性や新しいユーザの利用をサポートし，長期間にわたってポートフォリオを持続させるための計画が立案されている。さらに，学習評価のためのポートフォリオ利用（教員と管理者の利益を代表）と，自分の学びを人に見せるためのポートフォリオ利用（学生の利益を代表）の連携が図られている。

ポートフォリオ実践のためのリーダーを決め支援すること

　ポートフォリオ実践のために有能なリーダーを登用し，報酬を与え，その職位を維持・継続することにより，担当者はリーダーシップを発揮できる。加えて，プロジェクトを継続・発展させるために十分な時間と資源，管理者からのバックアップを提供することも成功のカギである。同僚に効果的なeポートフォリオシステムの利用を広めてくれるプロジェクトメンバーとして，さらに多くの教員やステークホルダーを登用するのもよい。リーダーはステークホルダーグループの代表と定期的に会い，組織内の異なる事情・状況においてeポートフォリオシステムをどう利用するのが最善かを合意できるよう努力する必要がある。

　eポートフォリオシステムの導入による仕事の増加分の解消に向けて，ポートフォリオ実践に共同で取り組むすべての教職員に，時代遅れの指導法や管理業務をeポートフォリオシステム利用による方法へと転換するよう勧め，その作業を支援するべきである。教員たちが報われていないと感じ，仕事が増えることに腹を立てているかぎり，eポートフォリオプロジェクトは絶対に成功しない。

リーダーの引き継ぎ計画を立てること

　どんなリーダーも永久に任を果たし，その地位に居続けることはできないので，次世代のリーダー候補を常に立てておくことは必要不可欠である。もし初代リーダーと熱心な同志が同時に退職，転任したりすると，そのプロジェクトは指導者を失って挫折してしまう。組織の管理者／上層部は，リーダーの変更について積極的に考え，それに応じた計画を立てておく必要がある。

十分な資源を投入すること

　eポートフォリオプロジェクトには，ユーザの機能的，技術的要求に対応するための一元化された支援窓口が必要である。しかし，多くの機関では，eポートフォリオシステムの選択と導入のみに大きな労力が向けられ，システムを維持し，時間をかけて発展させていくことに努力が払われていないのが現状である。組織における技術系の人材と資源を継続的にeポートフォリオプロジェクトに投入し，システムメンテナンス，トラブルシューティング，ポートフォリオプロセスの設定，新たなユーザの追加，さらに一般的なトラブルの解決にあたる必要がある。一方，ステークホルダー間の調整には，組織的なリーダーシップが必要とされる。また，新採用の教員，新入学者へeポートフォリオシステムを利用してもらうための訓練も欠かせない。さらに，ユーザサポートのためのウェブによる情報提供やヘルプデスクの設置も必要不可欠である。もしピアチュータリングの仕組みがあるなら，その活用は，学生が質の高いポートフォリオを作り上げるのに大きな助けとなるだろう。ポートフォリオは生涯を通じた学習を促すが，どんなeポートフォリオシステムも最新でありつづけることはない。10年おきには，より適切なソフトウェアへの移行，切り替えの検討・計画も必須事項である。

ユーザの利点を注視すること

　eポートフォリオシステムを選択・構築する際には，独自性に目を向けがちだが，ユーザ（学生と教員）はそのシステムを使う際の利点にこだわる。ユーザのニーズを知るためには，小規模で始め，ユーザの意見に慎重に耳を傾け，小規模実践において成功した後に拡大していくのがより良い方策である。なお，eポートフォリオシステムの利便性を検討する際には，必ず教員と学生の両方から意見を聞く必要がある。その理由は明確で，それぞれの立場によってシステムの有効性や効率性はまったく異なる可能性があるためである。また，ユーザの所属，グループが異なれば，着目する利点も異なることを予想しておくべきである。eポートフォリオシステムを生涯学習の準備として利用する者もいれば，評価の機会を

重視する者もいるだろうし，キャリアプランや就職のために使いたい者もいるだろう。組織内で最も一般的な方法でeポートフォリオシステムを利用するのはどのようなグループなのかを確認しておく必要がある。就職課，学生課，様々な学問分野，一般教育との関わりも忘れず考慮しておく必要がある。もちろん，転入生に対するケア，ニーズ調査も忘れてはならない重要な項目の1つである。

ポートフォリオによる新たな学びを示すこと

組織内の教育の専門家に，教室やオンライン上でどのようにeポートフォリオシステムを使うのが最も効果的かを教職員へわからせるための支援を依頼するとよい。評価に注目する組織管理者（執行部）と協力して，教育と学習の中でのポートフォリオを使った評価活動，キャリア形成活動との連携を取ることも必要である。学生と教員には，信頼性の高い学習エビデンスの収集，有益な学習記録，深いリフレクションを重視するよう促し，メタ認知をポートフォリオプロセスに組み込むのがよい。大学，組織内におけるポートフォリオカルチャーの構築を目指し，様々なステークホルダーやプロジェクトに賛同する同僚（同志）と協力することも忘れてはならない事項の1つである。

導入システムの技術的要件についての計画を持つこと

組織のポータルサイトの導入と，統合認証システムを利用したシングルサインオン（SSO）の実装はユーザの利便性の向上のためには不可欠である。また，eポートフォリオシステムと大学の学習管理システム（LMS），学務情報システム，その他，教育・学習関連のウェブアプリケーションを可能な範囲で統合するべきである。次期システムのリニューアル再構築，その際のユーザデータ移行，あるいは別のソフトウェアへの移行について計画も立てておく必要がある。もし，所属組織がオープンソースソフトウェアを選択するのであれば，機能を強化して教員や学生のニーズに可能なかぎり対応し，利便性の向上に努めることは必須である。

ポートフォリオカルチャーの創出とポートフォリオコミュニティへ参画すること

　教育に変化を起こすには時間がかかる。古い慣例や因習は変化に対し必ず抵抗するため，教育に変化を起こそうとする者には勇気と忍耐が求められる。協力者を探し，積極的に自分たちのグループに引き入れて行く必要があり，そのためには，ポートフォリオ実践の成功例を集め，新しい学びと教育の手法を教員に提示し，学生へアピールする必要がある。ピアサポートを広め，彼らの仲間にポートフォリオを利用するように勧めてもらえれば最良である。

　他者の経験や失敗から学ぶことはとても大切なことである。e ポートフォリオ研究に関する新しい文献を参考にする，ポートフォリオベンダーに働きかける，無料で使えるポートフォリオ活動のソフトウェアを利用する，オープンソースのポートフォリオコミュニティへ参加し，自組織や教育課程に合ったポートフォリオテクノロジーを参照，導入するなど，ポートフォリオ実践をサポートする地域的，全国的，国際的組織へ積極的に参画することをお勧めする。また，研究会，カンファレンスなどを利用して自分たちの成功と挑戦を社会に公表し，他者と分かち合うことで，ポートフォリオコミュニティの輪をより広げてもらいたいと思っている。

6.5　まとめ

　あまたの大学，高等教育機関が e ポートフォリオシステム導入，実践に取り組み，ある機関は成功し，ある機関は失敗してきた。これまでに見てきた事例からわかったことの 1 つは，e ポートフォリオシステムの導入が自組織の教育に変化をもたらしてくれるだろうと組織の管理者／執行部，導入担当者が安易に考えている場合には，プロジェクトは失敗するということである。学生の学びを根本的に変えるためには，変化に対する継続的な戦略が必要であることを組織のリーダーたちは理解しておかなくてはならない。

ポートフォリオの利活用は，組織やプログラムの学習に必ず変革をもたらす。しかし，その実践で成功をおさめるためには，本章で取り上げてきた項目がカギになる。ここにそれらを再掲する；

(1)　eポートフォリオシステム導入の目的を忘れず，かつ明確に目的を示すこと

(2)　熱意あるリーダーを登用し支援すること

(3)　リーダーの引き継ぎ計画を持つこと

(4)　eポートフォリオプロジェクトに十分な機能的，技術的資源を割り当てること

(5)　eポートフォリオシステムの特徴よりも，ユーザの利点へ目を向けること

(6)　教育と学習をより良くするための事例とeポートフォリオシステムを融合させること

(7)　導入済みの教育用ソフトウェアを効率よく統合運用すること

(8)　ステークホルダーから確実に支持を取り付け，かつ，新しいユーザを引きつけるために，ポートフォリオの成功活用事例を公開すること

　もし所属組織が，教育と学習を変えるためのツールとしてeポートフォリオシステムの導入に注力しているのではなく，どのシステムを選べばよいかに力点をおいているような状況ならば，現時点でのeポートフォリオシステム導入は延期すべきである。いますべきことは，システム導入よりも執行部や教員が自分たちの組織の学習プロセスを本当に変えたいと思っているのか，あるいはどのように変えたいのかについて時間をかけて検討することである。組織として，eポートフォリオシステムの導入・実践に労力と資金をつぎ込む場合には，教育に変化・変革を必ずもたらすことができなければ，そのすべてが無意味になってしまうことを強く意識してほしい。組織のビジョンを明確にし，ステークホルダーを集め，学生の学びを真に変えるためのポートフォリオツールを選び，それを利用するうえでの様々な選択肢について組織全体で計画することができて初めて，教育に変化・変革が可能になる。

コーヒーブレイク 5

北米からの直輸入は成功するのか？

　「eポートフォリオを使えば，学生のリフレクションを促し，学生の学びが
深化します。また，蓄積した学習成果物は，教育改善や組織評価にも利用でき
価値は高いので導入すべきです！」

　これまで，国内の多くの講演会，研究会などにおいて，eポートフォリオ実践
の先進組織である欧米，特に，北米の大学を視察された方の調査報告から，この
ような意見・主張を何度となく聞いてきました。振り返ってみれば私自身もこの
ような考えを講演会やセミナーなどで臆面もなく述べてきたと記憶しています。
いまとなっては汗顔の至り，穴を掘って埋まりたい気分になっています。

　海外の先進組織におけるeポートフォリオ実践の成功事例報告は多くあるもの
の，その事例を自組織にうまく取り入れて実践している，それにより成功したと
いう国内の事例をほとんど聞いたことがありません。欧米の大学，高等教育機関
では，履修科目の成績評価だけでなく学位審査試験の一環としても，学びの成果
の文書化，自己評価を含む学びの提示が求められかつ，制度化もされています。
近年では，就職採用試験[1] や大学入学選抜試験において，志願者にポートフォ
リオの添付を求める組織も増えてきており，eポートフォリオシステムは，デー
タ蓄積の道具，開示する情報の正当性，妥当性を示すための道具として利用され
ており，特に，フォーマル学習においては，評価者側が開示を求める情報，つま
り，評価基準や合格条件を示す道具であるルーブリックやコンピテンシーと密接
に結びつきポートフォリオ評価として確立されてきています。被評価者（学習者）
は，評価指標（主に，ルーブリック）で示された情報を理解し，それが達成でき
たことを示すための情報（データ）を抽出するとともに，到達目標をどのように

して達成できたか，抽出した情報が目標到達をなぜ示すのかを思考し論じることで，自分が何を学び，どのようにして知識として確立したかを示します。加えて，他者（評価者）へ自己の学びと理解を開示し，評価・指摘を受けることにより，自分がある状況において必要な行動を取ることができるようになったことを認知し，自信を持って行動できるだけでなく，状況に合わせた行動をとることもできるようになったことを提示しています[1]。仮に私が，「欧米の先進組織と同様のことを実践したいので，協力，アドバイスが欲しい」と相談を受けた場合には，自戒の念も込めて，「それは難しいので止めた方がよいです」と回答すると思います。

　もし皆さんの所属組織が，「欧米での成功事例を見てきたから，そのままやってみる」というスタンスでeポートフォリオ導入に踏み切っていた場合，そのeポートフォリオ実践は，よほど頑張らないと成功しないという覚悟を持ち，事後策，今後の対策の検討を進めておいた方がよいと思います。その理由の一端を挙げれば，海外の先進組織と国内組織では，eポートフォリオ実践のために必要な組織としての土台，置かれた状況が異なりすぎるからです。海外の先進組織は，多くの失敗を経て，eポートフォリオ利用を自組織にフィットさせるために，時間をかけて土壌を形成し，その成果としていまの成功を得ているからです[2]。ここでいう土壌とは，教育戦略策定，組織や制度構築，人材雇用と育成（教育），継続的な予算措置，目的にあったシステム導入やシステム連携等々の側面すべてを指しています[2)]。例を挙げれば，欧米の先進組織では，eポートフォリオ導入を含む組織の情報化戦略と教育戦略を密接に結びつけ予算と人的資源（リソース）を継続投入し続けることで，学生の学びの向上へとつなげ，10年単位の期間での視点を持ち，学生数の増加，入学者の質の向上，研究／教育大学としての地位向上へとつなげています[2]。ここで強調しておきたいのは，投入される予算の大小が成果を決定しているわけではない点です。大きな予算を戦略的かつ適切に投入している組織（総合研究大学など）では，想定どおりの成果を当然のように上げています。その一方で，予算規模の小さい組織（コミュニティカレッジなど）でも，eポートフォリオシステムをICT教育・学習環境基盤に据えたうえで，

戦略的な教育プログラム／カリキュラムの改修，学生／教職員へのサポート体制の確立，教職員のスキル向上と意識改革など，運用の効率化，組織に内在する資源の活用により成功を収めています。成功した組織に共通して言えることは，ｅポートフォリオ実践の目的は学生の学びの向上にあり，組織として収集すべき情報（データ）を明確に決めたうえで，強制するのではなく，ポートフォリオ作成を学生に任せている点です。組織は到達目標型（アウトカムベース）の学習プログラム／カリキュラムを提供し，学生は学習課題（学習成果物）をｅポートフォリオへ提出・蓄積する。そのための人的，システム的サポートを確立，提供する。ｅポートフォリオ実践の手法（戦術）はシンプルに，教育戦略はきめ細かくすることを運用の指針に取り，徹底することで成功を収めています。

　第１章でも述べたような，予算執行のためのシステム導入，うまくいっている組織をまねるだけの教育戦略では，決してうまくいきません。ｅポートフォリオ実践として報告されている多くのケースでは，従来のミニッツペーパーを電子的に置き換えたようなものが大部分であり，学習者側も，「義務だから」「出席表提出の代わり（成績評価の１つ）なので」何か書いて出すといったように学びとして意識していないのが現状で，当然，そこから得られる理解は非常に浅いものでリフレクションとは言いにくいのが実状と考えられます。意識の低さは学生にかぎったものでなく教員側も同様です[3]。このような状況は，ポートフォリオ学習についての社会的な認知度の低さ，学習ツールとしての歴史のなさに起因していると考えられます。このような状況の中で，仮に，一生懸命にポートフォリオを作ったとしても目に見えるかたちでのアドバンテージ（利益）を得られないのであれば[4]，学生が自発的にポートフォリオを作ろうという気にはならないことは容易の想像できます[5]。うまくいっている組織をまねるのも重要ですが，それよりもｅポートフォリオ実践は，なぜする，何をする，どうするといった目的の組織内構成員間での共有をなくしては，いつまでも国内組織の現状を打破できるとは思えません。

第7章 ▶ ▶▶▶

eポートフォリオとの折り合いこそ処世の道
──実践に立ちはだかる壁を乗り越える

7.1 はじめに

　ここまで読んでいただき，さぁ，実践だ！とeポートフォリオの導入・運用に取り組まれる方がいらっしゃると思います。しかし，いざ，eポートフォリオを実践していくと，なかなか思ったとおりに進まないことが多いのも事実です。本章では，皆さんが困ったとき，対処に苦慮したときに，その状況を打破，改善できるよう，その一助となるアイディアを例示していきます。以降の例示では，eポートフォリオシステムを導入してきた人，実践してきた人から寄せられた質問をもとにしており，考えるポイントを具体的に例示します。

　この章の目的は「処世術」です。我々はeポートフォリオをすべての大学に導入してほしいという立場はとりません。第2章でも触れたとおり，大学にとって必要のない場合もあるでしょう。そんな場合には，思い切ってeポートフォリオをやめてしまう，というのも選択肢の1つです。単なるウェブ上の日記帳でしかないようなeポートフォリオを導入しても，だれも幸せにはなりません。特にそのようなシステムの使用を強要される学生は大変な犠牲者と言えるでしょう。

　導入しない選択肢があることも踏まえて，この章の目的を「活用術」ではなく「処世術」としました。導入・運用の是非自体の判断も含めて，この章がお役に立つことを祈っています。

7.2 壁を乗り越えるためのQ&A

> Q1：一般的なeポートフォリオシステムの仕様書はどのようなものでしょ
> うか？　また，仕様書はどのように作成すればよいでしょうか？

A1：eポートフォリオシステムの「一般的な仕様書」はありません。

　eポートフォリオにかぎらずどんな教育システムでも，実践したいことを実現するための機能を実装したシステム構築が求められます（第2章参照）。システムはそれぞれの機関によって異なるので，「一般的な仕様書」というものはありえないのです。

　では仕様書はどのように作成すればよいのでしょうか。

　仕様書を作成するために，仕様策定の担当者は学生や教員の活動を明確にすることが必要です。eポートフォリオ導入に関連する中期計画目標があるかもしれませんが，計画に挙げられている文言にとらわれず，

- だれがどのような学習活動をして
- どのような学習成果物を生成し
- だれの何を満足させたいのか

の視点でいくつか書いてみてください。具体的な学習活動を記述できないときは，キーワードを書き出すことから始めましょう。

　例えば，ディプロマポリシーに掲げた学生像の1つに，

　　　「情報技術を扱い，問題解決に利用できる基礎的素養を身につける」

という項目があったとします。このディプロマポリシーを満たすための一部として，

　　　「学生がアルゴリズムを利用してプログラムを記述できる能力」

を掲げたとして考えてみましょう。

　まず，「だれの何を満足させたいか」は，

　　　「学生が学習活動に満足するといいなぁ」

と考えたとします。

　それでは学生が「アルゴリズムを利用してプログラムを記述した結果（学習活動）」に満足するのはどんなときでしょうか。アルゴリズムを使ったプログラムは効率の良いプログラムを記述する能力とも言えますし，データ構造をプログラムに応用する能力とも言えます。少年野球の選手がプロ野球選手にプレイを褒めてもらうと嬉しいのと同じで，自分が学んでいるスキルを活用して実践している人に認めてもらえると学生も満足するでしょう。そこで，「だれがどのような学習活動」は，

　　　「学生がアルゴリズムを利用したプログラムを記述して，プロのプログラ
　　　マに見せ，プロのプログラマが完成度を判定する学習活動」

としてみます。

　また，アルゴリズムを理解して使うのも重要ですが，プログラムを記述できることも重要なため，「どのような学習成果」は，

- アルゴリズムの理解に対して「アルゴリズムを扱った科目の学習成果」
- プログラム記述能力に対して「プログラム演習科目の学習成果」
- アルゴリズムを利用したプログラム記述能力に対して「アルゴリズムの講義で扱い実行したプログラム」

を想定するとよいでしょう。これらの学習成果を使って「プロのプログラマに認められるか挑戦しよう」といった学習課題が設定できそうです。その活動のポイントとしたいのが，改めてアルゴリズムを使ってプログラムすることが何なのか考えるリフレクションの機会です。リフレクションペーパーの作成を通して，講義で扱わないアルゴリズムを活用してプログラムを記述でき，自分なりの手法を見つけるように導くことができると理想です。

　ここでは細かい条件などを無視して議論を展開しましたが，

- 検討中の仕組みがだれを対象とした仕組みなのか
- 対象者は，いつ，どのような活動あるいは操作を行うのか

について少しずつ書き出し，それを足場として可能なかぎり具体的な学習活動を文書として記録しましょう。そして，仕様書に必要な機能（システム要件）を考

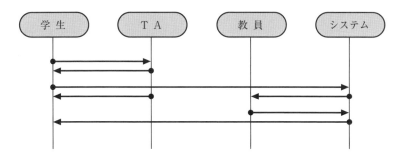

図 7-1　ステークホルダーを書き出したシーケンス図の例

えることにしましょう。図7-1のようにステークホルダーをシーケンス図などとして描く作業を通して考えることも一案です。ICTが苦手ならば，情報システムに精通した人に協力してもらってもよいでしょう。また，既存システムの機能に精通した人に相談することで，既存システムとのデータ連携，統合認証など組織におけるシステム構想に関わるシステム要件が明確になることがあります。

　システム要件が明確になってようやく既存システムの機能との比較ができます。そうすると例えば第3章で述べたように，オンラインの無償のシステムやサービスを利用して，目的を達成できるかもしれませんし，既存システムをeポートフォリオとして利用できることがわかるかもしれません。予算が確保されているなら，必要に応じた機能拡張もできそうです。

Q2：eポートフォリオシステムで教育改善と学生のリフレクションを促進させたいのですが，eポートフォリオシステムは学習を可視化して，習得単位数やGPAなどをレーダーチャートで表示できますか？

A2：可視化して表示することでどのような目的を達成できるのかを明確にして検討することが重要です。

ご質問には，いくつか異なる目的が混じりあっているようなので，目的を明確にすることから始める必要があります。現在，候補としているシステムは，次のどれでしょうか？

- 教育改善のために情報を集約するシステム
- 学生の学びを支援するシステム
- 組織が保持する教育データを可視化するシステム

　これらのシステムはそれぞれ設計思想と機能が異なります。もちろん，1つのシステムにそれらすべての機能を持たせることはできますが，開発経費がかかるだけでなく，機能過多により利用者全員にとって不便なシステムになる可能性があります。

　まずは，組織の教育戦略を進めるうえで何が効果的なシステムと言えるのかを検討する必要があります。そのためには教育をどのように戦略的に展開するかというデザインが必要です。どんな教育をしたくて，今回のシステム導入に至ったのかを再度検討したうえで，システムに必要な機能を考えることにしましょう。

　そのためには，

　　　　　「学生と教員がそれぞれどのような活動をすべきか」

を考えなければなりません。学生と教員の活動を支援するためにシステムに「習得単位数やGPAなどをレーダーチャートで表示する機能」が必要と考えたとします。例えば，教育戦略が「教育改善と学生のリフレクションを促進するためにeポートフォリオシステムを活用する」であれば，「習得単位数やGPAなどをレーダーチャートで表示」された結果をだれが見てどのような活動を行うと「教育改善」と「学生のリフレクション促進」という成果が得られるのかを考えるべきです。つまり，レーダーチャートを表示するだけで，自然に成果が得られるはずはなく，レーダーチャートを見て展開される学習活動を具体的に想定する必要があります。その際，現在実施されている学習活動とかけ離れた学習活動を提案しても学生や教員に受け入れてもらえないでしょう。現状の学習活動から無理なく移行できる学習活動を提案していくことから始めましょう。そして，学習活動の成果がよく見えるように設計しましょう。

教育戦略の成果を評価する値としてKPIを用いることが，より具体的な活動を考えるヒントになるかもしれません。ただし，KPIはあくまで副次的なものですので，KPIを前提にしてシステム機能を検討することは避けなければなりません。例えば，アクティブラーニングは主体的学びを伴うので，アクティブラーニングを実施している授業数が多いほど，主体的学びが実施されているという論理から，アクティブラーニングを実施している授業数を数えるという機能は効果的ではありません。

Q3：すでにeポートフォリオシステムが導入されていて，使うことが推奨されています。これを活用して複数科目にまたがるリフレクションをさせ，ルーブリック評価をし，それをもとにショーケースを作らせることは可能でしょうか？　また，既存システムの機能を有機的に使った授業設計をするためにはどうしたらよいでしょうか？

A3：導入されているeポートフォリオシステムの設計思想にある学習活動以外を行うことは困難でしょう。

　既存システムに複数科目をまたいだリフレクション機能やルーブリック機能がなければ，そのシステム上ではそれらの活動はできないでしょう。しかし，既存システムにショーケース機能があるならば，1つ1つの科目の成果物をショーケースに載せておき，「複数の科目の学びから学べたこと」をGoogleドライブなどで整理させるという学習活動を設計することは可能です。その際，学んでほしいスキルがあるならば，そのスキルのルーブリックを用意して，「これまでの学習で，このスキルを学べたか」を学生自身にルーブリックで評価させるのがよいでしょう。

　あるいは，このGoogleドライブをワークスペース的に使ってリフレクションを行い，その結果を踏まえて，既存システムでショーケースを作成させればよさそうです。これはあくまで一例です。ここでは既存システムと他のツールとの併

図 7-2　既存システムのショーケースとオンラインサービスとで構成する e ポートフォリオ

用を述べましたが，既存システムを使う必要がないのであれば，最初から他のツールで e ポートフォリオを作ることもできます。しかし，アカウント管理などの問題もあるので，現状に合わせて臨機応変に設計するのがよいでしょう。

　学生が行うべき活動を明確にして，その活動が既存システムの機能でできるかどうかを確認してみてください。できるのならば，既存システムを使うのが一番負担が少ない方法です。既存システムでできない学習活動がある場合は，他のシステムやツールを使って実現することになります。本書の第 3 章にも書かれていますが，Google ドライブや Evernote など様々なツールを使って実現することが可能です。ただし，その実現のためには学生が行う活動と各ツールの適性を考慮した設計をすることが必要となります。

「eポートフォリオシステムありき」で授業を設計するのはやめましょう。

システムが想定している学習活動に寄り添う教育を展開するのではなく，

- 学生がどのような学習活動を行い
- どのようなアウトプット（学習の成果物）を作るべきか

を考えた授業設計にすることから始めましょう。アウトプットを記録するのに，既存システムに該当する機能があれば利用できますし，機能が不十分であれば，他の技術を用いた手法を検討することになります。eポートフォリオ学習では，1つの授業だけでなく，複数の授業でのアウトプットを合わせて学習目標の達成を示す証拠とすることがあります。1つの授業の成果を記録するのであれば，学習管理システム（LMS）が利用できます。それに対して，複数の授業でのアウトプットを材料として学習目標を達成した証拠とするような場合は，授業（コース）をまたいで評価や振り返りをすることになるため，LMSではなくeポートフォリオシステムが有効です。

例えば，

　　「学生がアルゴリズムを利用してプログラムを記述できるようになった」

という達成度を表現する場合，

- アルゴリズムの授業での学習成果を使い処理手順を定式化できること
- プログラミングの演習での学習成果を使い定式化された処理をプログラムできること

を表現する必要があります。このように，学生が2つ以上の授業をまたいで達成度を表現する場合，コースとは独立して学習成果物を共有できるeポートフォリオシステムが役に立ちます。ここでは，学生が達成度を表現するために利用できる学習成果物があることを前提にしています。そのためには学生が達成した証拠と思える成果物を生成できるように，教員が課題設定することが必要です。

Q4：全学へのeポートフォリオ活用推進を担当しており，すでにeポート
　　フォリオシステムを導入しましたが，利用されていません。どうすれ
　　ばシステムを利用してもらえるでしょうか。

A4：いろいろな原因や方法が考えられるため，いくつかの仮定のもとに説明し
　　たいと思います。

　導入時の問題点として，教育戦略に則った現実的な学習活動を想定できていな
かった可能性があります。教育戦略を展開するうえで有効な学習活動を，導入し
たシステムを使って実践する必要があるでしょう。まずは授業でその学習活動を
展開し，実践と授業改善を繰り返しましょう。そして，無理なく教育改善し，学
習成果が現れる学習活動を含む一連の授業設計を学内に提案してみましょう。考
えを共有できるような教員と一緒になってシステムを利用した教育活動を展開し
ていき，執行部にアピールすることも効果的だと思います。
　戦略的な手法としては，現在展開されている学習活動の一部を置き換えたよう
な使用例を学内へ向けて発信したうえで，システムを利用した学習活動を評価す
る仕組みを設けることなどが考えられます。現在の学習活動からの大きな変化は
教員にも学生にも改編の負担が大きくなってしまいます。可能な範囲の改善で数
か年の段階に分けて実施できるような学習活動を提案することも重要です。
　授業設計の視点で考えると，eポートフォリオ作成を通して学生が学習成果を
認識することが重要になります（6.2節7位，8位を参照）。学習成果をeポー
トフォリオ上に示すためには，各授業において学習目標の達成と対応した学習成
果物が必要になります。ただ講義をするだけの授業では学生が学習成果物を作り
出すのは難しいでしょう。eポートフォリオを利用した学習活動を行う前に，各
授業で学習成果物が生成されるよう授業改善を行う必要があります。具体的には
授業内容をエビデンスベースに変更する必要があります。
　学習成果物の生成を前提とした授業はLMSで実践できます。いきなりeポー
トフォリオを前提とした授業を実践しようとせず，LMSでエビデンスベースの

授業を実践したうえで、徐々にeポートフォリオによる学習を検討するとよいかもしれません。すでにエビデンスベースの授業が展開されているなら、授業で得られた学習成果物群を改めて見直し、授業の学習目標以外の学習成果が得られた可能性を検討し、それらをeポートフォリオに提示する意味や意義を認識しながらeポートフォリオを生成する学習活動に取り組ませるとよいでしょう。

Q5：eポートフォリオの目的について教えてください。

A5：eポートフォリオの活用自体が目的なのではなく、主体的な学びを支援するためにeポートフォリオを活用する、と考えた方が自然です（6.1節を参照）。

「eポートフォリオ活用を促すことで、……学びを支援する」という説明の場合、授業でeポートフォリオを使用すると学習支援になるという論理になっており、eポートフォリオの導入が目的化するおそれがあります。また、「eポートフォリオを活用することで……何かが改善する」という説明の場合、授業でeポートフォリオを使用すると学習が改善されるという論理になっており、どうやってeポートフォリオを活用するのかというスタート地点の壁にぶつかることになります。

まず、ある目的（例えば、「主体的な学びを支援するため」）ありきで、それを支援するためにeポートフォリオの活用があります。eポートフォリオを使わず目的が達せられるのならば、eポートフォリオを使う必要はありません。eポートフォリオを活用して何をするのか？ではなく、何かをするためにeポートフォリオをどのように利用するのかという逆の発想が必要です。

eポートフォリオ導入の目的として「学習支援」「キャリア支援」などがありますが、この2つは目的の階層が異なる点に注意が必要です。キャリアは一生続く長いもので、学習はその一部です。また、ユーザによって着目する利点が異なるため、学習評価を重視するユーザもいるでしょうし、キャリアプランや就職の

ために使いたいユーザもいるでしょう。

目的の周知はたしかに重要ですが，使ってみようと思わせるには具体的な使用例を周知する方が効果的です。ある授業での具体的な e ポートフォリオの使用例を示すと教員が関心を示すでしょうし，研究やプロジェクト活動での具体的な e ポートフォリオの使用例を示すとユーザは自分の使用シーンを想像しやすいはずです。第 6 章に記述されているように，ポートフォリオ文化を醸成させることは容易ではなく，執行部や教員のリーダーシップ，FD 委員会などのコミュニティの理解が重要となります。

Q6：e ポートフォリオと教育の質保証や教学 IR との関係について教えてください。

A6：e ポートフォリオの導入が教育の質を保証すると言えるほど単純ではありません。

e ポートフォリオとセットで「教育の質保証」という言葉をよく耳にするようになりました。「教育の質保証」を考える場合には，

e ポートフォリオを構成する学習成果物

‖

学習目標を達成したことを保証するエビデンス

という関係が成り立たなければ，教育の質を保証したことにはなりません。

教育の質を保証するためには，教員が一部の成果物を評価する際に学生によって基準がばらつくことのないよう，明確な評価基準を成果物ごとに定めておく必要があります。理想としては，評価基準が独りよがりな評価基準ではなく，第三者から見て妥当なものであることが必要です。つまり，カリキュラムとして必要とされる学習目標が明確であり，その学習目標達成を評価する基準が明確に定まっているかをチェックする必要があります。そして，その評価基準で評価され

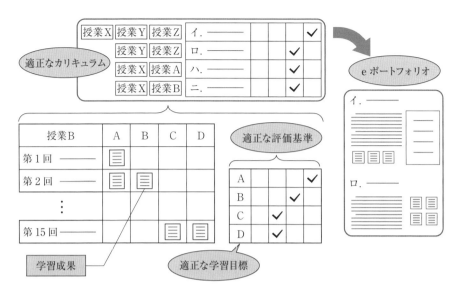

図7-3　eポートフォリオとカリキュラムと学習目標と評価基準

た学習成果物をもとに，ディプロマポリシーやコンピテンシールーブリックなどの達成状況を示すeポートフォリオを学生が構成する必要があります。ディプロマポリシーやコンピテンシールーブリックなどが学外の第三者から見て妥当であると判断されることで，社会的に質保証を示すことになります。

　学習目標を達成したことを保証する役割をeポートフォリオに担わせるならば，eポートフォリオを導入する前に，現状のカリキュラムにおいて，学習目標が明確であり，その学習目標をどうしたら達成したことになるのかを示した基準を明確にすることが重要です。そして，ある学習活動による学生の学習成果物は，授業やカリキュラムの学習目標を満足するものであるように授業設計されている必要があります。すなわち，eポートフォリオと適正な学習評価基準，適正な学習目標，適正なカリキュラムは切っても切れない関係にあり，これらの関係強化が教育の質保証になります。学習目標を達成したことを保証するエビデンスとしてのeポートフォリオは各学生の個々の学びを深めるために利用され，それらの

学生が記録した e ポートフォリオを組織データとして統計的に検証することで初めて，教学 IR としての活動にもつながっていくことでしょう。

Q7：e ポートフォリオ導入で教員の負担は増えますか？

A7：トータルとして増える方が健全です。

　次第に教員の費やす労力が少なくなるという意見も耳にしますが，e ポートフォリオを真剣に運用すれば教員の負荷は当然増えます。そもそも e ポートフォリオは，大学時代だけに必要なものではなく，一生を通じて必要なツールとなってきています。

　一昔前であれば，大企業（もしくはある程度の企業）に入れば安泰と言われ，良い会社に入ることが人生の最大の目的であったかもしれません。しかし，いまは常に自分の価値を問い続けるという新たな行動が必要になってきました。人生においてそれを本格的に始めるのが大学教育の時期ではないでしょうか。つまり，自分の価値の客観視という新たな行動がいまは求められています。新たな行動が必要になるということは，当然新たな負荷が発生します。自分の価値を常に問い続けるという新たな使命がこれからの学生に加わっているという点を意識しておきましょう。

　授業だけに限定した場合，学生の自律的な学びによって e ポートフォリオ活動に関する教員の負荷が減る場合があるかもしれません。しかし，学生の活動，特に社会的価値という観点の活動は授業だけにとどまりません。学生が熱意を持って取り組んでいることが大学の授業時間以外のことであれば，その活動について評価し，より良い方向へ導くことも教員の役割になってくるでしょう。そのような過程においても e ポートフォリオは有用であり，この場合当然教員の負荷は増えるでしょう。e ポートフォリオの活用を授業の範囲のみで考えず，学生が自分の価値を客観視し，学ぶ意欲を見いだす機会と考えましょう。

> Q8：eポートフォリオを導入する場合，教員は教授法を変える必要があり
> ますか？

A8：eポートフォリオを導入するにはアクティブラーニングやPBLが必要と
いうわけではありません。

　eポートフォリオとアクティブラーニングは別の話として考えましょう。もち
ろん，組織改革のセットとして両者を同時並行で進めるのは良いことだと思いま
すが，両者はセットではありませんし，eポートフォリオに何かを入力するため
にアクティブラーニングを導入するわけではありません。たとえアクティブラー
ニングを実践していたとしても，学習目標に対応する学習成果物を記録しない学
習設計ではeポートフォリオは効果的に機能しません。
　教授法を変えるというよりも学習成果物の明確化が重要です。6.2節7位お
よび8位に記述されているように，学習成果をeポートフォリオ上に示すために
は，各授業において学習目標の達成と対応した学習成果物の記録が必要になりま
す。学習成果物を明確にし，学習成果物を学生が記録できるものにすることで，
自然と教授法も変化していくと思います。学生が学習目標を達成した証拠を持つ
ようになって初めて，その証拠をもとに別の見せ方を考えてeポートフォリオを
どのように構成するかが重要になります。
　例えば，アルゴリズムの講義ではこれまで中間試験と期末試験のみで評価して
いたとすると，ディプロマポリシーの1つである「情報技術を扱い，問題解決に
利用できる基礎的素養を身につける」をどれだけ満たしているかの証拠は，学生
が所有する自身の解答用紙になります。学生がこれを自由に記録しておけること
が重要ですし，それらのテストをやりっぱなしにするのではなく，その答案をも
とにディプロマポリシーをどれだけ達成できているかを自己評価する学習活動を
取り入れるとよいと思います。おそらく多くの学生はテストの点数をもとに，60
点なら6割の達成と気にすることなく記録するでしょう。そこはもう一声，「点
数はわかりやすいですが，この授業を通して自分で学んだことがあったのではな

いでしょうか。本当はわかっていたことなど具体的に行ったことを記述してみてはどうでしょうか」など別の表現を促すフィードバックを返してみましょう。達成度の自己評価と学んだ内容の記録は学習成果として記録され，その学生はその学習成果を別の学習シーンで利活用することができ，リフレクションを超えた学習活動を可能にします。

Q9：「振り返り」があればeポートフォリオと呼べますか？

A9：いいえ，違います。

「振り返り」はeポートフォリオサイクルの1つの過程にすぎず，「振り返り」さえあればeポートフォリオというのは誤解です。例えば，単に「振り返り」という記入欄を作成し，何か書いてあればよい，単なる感想が書いてある，だからeポートフォリオであるというのは乱暴にすぎます。そもそも振り返りが重要なのはeポートフォリオにかぎった話ではなく，物事全般において言えることです。PDCAサイクルにも，Check（評価）というフェーズがあり，評価の方法としては自己による評価，他者による評価が考えられますが，この自己の評価がまさに振り返りです。また，もっと身近なところで，大晦日には皆さん自分の1年を振り返りながらお蕎麦を食べて過ごされるのではないでしょうか。本来，「振り返り」はだれもが節目節目で行っていることであり，eポートフォリオにかぎったことではありません。

第6章には，

「ポートフォリオ学習プロセスの中心にリフレクションを組み入れること」という記述があります。これは，欠かせない学習活動であるということであって，ポートフォリオ作成の目的はリフレクションではありません。

例えば，アルゴリズムを利用したプログラムができることをアピールするようなポートフォリオ作成を学習活動とする場合，初学者はアルゴリズムの講義の中で行ったプログラムを記述する演習の成果をおいてポートフォリオが完成したと

思っているかもしれません。そのような学生には，他のアルゴリズムを使ったプログラムができることも表現してはどうかなどのアドバイスができそうです。そうすると，そもそもプログラムを記述できること，アルゴリズムをいくつか理解していること，新たなアルゴリズムを理解できるレベルの数学を修得していることなど，これまでに蓄えてきた内容を表現するようにアドバイスができそうです。そうして，アルゴリズムをどのようなケースに適応すべきか判断し，それらの定式化をもとにプログラムを記述するというプロセスが，形式化された知識となります。そうして形式化された知識を使って，問題解決のためのプロセスや卒業研究などの研究プロセスに同じようにアプローチすることで，新たなプロセスがどのように形成されていくかを理解する助けになります。

Q 10：学生が作成した e ポートフォリオをどのように評価すればよいでしょうか？

A 10：教員が成績をつけることだけが「評価」ではないことに注意してください。

　学生自身が教員の示す評価指標を眺めながら自己評価をしても評価ですし，学生同士で相互にコメントしても評価になります。

　e ポートフォリオを最終課題として成績をつけるために評価するのであれば，その評価の主体は教員です。その場合は，e ポートフォリオに求める評価基準を設定したうえで，学習を評価する主体である教員が e ポートフォリオ（ここでいう e ポートフォリオは学生によって作成された e ポートフォリオ全体を指しています）を評価しましょう。学生の成果物や振り返りを評価するという点では，レポート評価と何ら変わりません。しかし，学生はレポートの作成ではなく，e ポートフォリオを作成している点に注意しなければなりません。具体的には，6.2節 10 位に述べられているように，

　　「教員も学生も e ポートフォリオの利用目的を明確にして取り組まなければならない」

7.2　壁を乗り越えるための Q&A　　111

ということです。言い換えれば，これはエビデンスを示して学習目標の達成状況を表現したレポートを作成できるようになることと，その達成状況を示した評価基準に沿って評価することです。

一方で，eポートフォリオで大事にしたいのは，

「学生が主体となる学びのための評価」

です。6.2節6位にあるように学生が自分の学びの現状を把握したうえで，適切な自己評価をするよう教員は働きかける必要があります。この活動は学生が自分で作成したeポートフォリオに対してオーナーシップ（所有者意識）を持つように促さなければなりません。教員を喜ばせるようなeポートフォリオを要求しないようにしましょう。教員側は否定するだけのフィードバックを行わず，学生が自分の現状を把握するように働きかけ，より良い表現方法を助言するなど，学生が自らeポートフォリオの改善に取り組みたくなるようにフィードバックをする必要があります。教員からのフィードバックにかぎらず，同じ課題へ取り組む学生同士が相互評価を通して他の表現手法に気づき，より良い表現手法に改善するような学習活動もよいでしょう。

評価の主体を学生が信頼する学外の第三者に向けるのも良い方法だと思います。例えば，就職活動で用いられるエントリーシートは教育や学習といったシーンには存在しない人々によって評価されます。そのエントリーシートのように学生がeポートフォリオを学外の第三者に評価してもらえるような仕組みもよいかもしれません。何よりも学外の第三者からの評価は学生のモチベーションを高めるでしょう。SNSで大いに学外の人とつながり，学外の第三者からの評価を受けることで，社会的に認められる部分と不足する部分について学生自身が気づき，新たな学習活動が能動的に開始されると期待されます。

7.3 実践するにあたって心に留めておきたいこと

　前節でいくつかのQ＆Aを通して，eポートフォリオを活用した教育実践の考え方やアイディアについて記しました。これらの記述から，eポートフォリオを活用した教育や学習を実践するにあたり心に留めておくとよいと思われることを挙げて，この章を終えることにします。

とにかく具体的に学習活動を考え文書化する

　文書化は他者がその学習活動を理解する助けになり，共有することを助けます。考えを共有することで他者と一緒に改善することができるでしょう。

本来の目的に立ち返り文書化した学習活動が現実的であるか再考する

　目的は大なり小なりあると思いますが，やりたいことだけを学習活動としていないか立ち返りましょう。学習目標やカリキュラム，ディプロマポリシーなどが立ち返るときの良い指標になりそうです。また，それが現実的であるかという指標も検討しましょう。考えた学習活動が難しくだれも実施できないのでは意味がありません。学生の状況を把握したうえで現実的な学習活動を考えましょう。

学習目標に対応した学習成果物が生成される学習活動であるか再考する

　学習活動と学習成果物との対応関係，学習成果物と学習目標との対応関係についてしっかり吟味して学習活動を設計しましょう。

eポートフォリオシステムにとらわれず，学生にとって少ない負荷でeポートフォリオを作成できるよう設計する

　eポートフォリオを作成するツールは，eポートフォリオシステムだけではありません。システムにとらわれることなく，学生が利用しやすい学習ツールを提供し，eポートフォリオを作成できるよう準備しましょう。

学生が自分の価値を客観視し熱意を持って学ぶことを支援する

eポートフォリオは学生の所有物であって，学生個人が自分を客観視するための成果物であるという意識を持って学生を支援しましょう。

教員にかぎらず，学生本人，他の学生，SNS 上の同じ関心を持つ人たちも評価者であることを意識する

成績をつけるだけが評価ではありません。学習成果やeポートフォリオが学生本人にとって価値あるものになるように，学生本人，他の学生などの評価を取り入れた学習活動となるようにしましょう。

学生が主体的に自己評価するよう，より良い表現手法を促すフィードバックを与える

学生が自ら自己評価したいと思うようなフィードバックを心がけましょう。より詳しい記述があると助かるや，表現を変えるともっと伝わるといったポジティブなフィードバックを返すことで，次から自己評価して改善したいと思うように支援しましょう。

異なるコンテキストへの転用を意識したリフレクションでの気づき，気づきの形式化，形式化された気づきの異なるコンテキストへの応用など，授業単体でのリフレクションを超えた活動を意識する

リフレクション活動の次の一手が重要です。リフレクションによる気づきが，異なるコンテキストでも適応可能なのかどうか確認する機会を与えましょう。リフレクションによる気づきを様々なコンテキストで試すことで，いろいろな場面で活用可能なフレームワークとして形式化する機会になります。また，形式化されたフレームワークが十分なものであるかチェックする機会を与えましょう。これらの活動を単一の授業内で行うことは困難です。授業横断的に学びが展開されることで，気づきの形式化が可能ですし，別のコンテキストで試すことも可能になります。

ここに挙げた項目は答えではなく，議論するきっかけにすぎません。みなさんの環境ごとにそれぞれに手の届きそうな理想から始めましょう。これらの項目をもとに同じ志の人たちと大いに議論し，実践に立ちはだかる壁を乗り越えていきましょう。

補足：
　e ポートフォリオの導入や実践にあたり，相談を希望される場合は，e ポートフォリオ・コンサルティングチーム（http://consulting.eportfolio.jp/）にご一報ください。e ポートフォリオに関する失敗談など意見交換も歓迎します。

7.3　実践するにあたって心に留めておきたいこと　　115

コーヒーブレイク 6

ワークスペースからショーケースへの連携
――企業と大学の思惑の違い

　第4章でも述べられているように，eポートフォリオシステム導入の目的の1
つとして，企業が学生を採用するときに，学生の学びのプロセスを見ることがで
きるというものがあります。これまでは書類審査と面接を行ってその学生を見極
めていましたが，ポートフォリオによって学生がどのように学んできたのかを見
ることができるようになるので，欲しい人材をより的確に獲得することができる，
という考え方です。一方，eポートフォリオシステム導入の目的には，教育の質
保証ができるというものもあります。eポートフォリオシステムに蓄積された学
習の成果物を見ることで，学生が確かに学習目標を達成したことが確認できると
いうものです。この2つの目的に共通するのは，期末テストや就職活動時という
点（ポイント）でのみ学生を評価するのではなく，そこに至るまでの線（プロセ
ス）の内容で評価しようとしていることです。そう考えると大学と企業がポート
フォリオに期待するものは，ともに学習プロセスを評価しようとしている点で合
致しているように見えます。しかし，ここで1つ疑問が生じます。企業は本当に，
大学が設定した学習目標を学生が達成することを求めているのか，という疑問で
す。企業側が「面接だけでは，その学生がどんな人間なのかわからないので，もっ
とわかる情報が欲しい」と考えていることは事実でしょう。特に「どんな人間な
のかを知る」ためには，どのように学んだのかという学習のプロセスよりも，もっ
と直接的な「どのような人間なのか」という情報，つまり「一緒に働けそうな人
材かどうか」「常識を持った人材かどうか」を判断する材料が必要になりそうです。
そうだとすると企業がポートフォリオに期待するのは，学生が大学の設定した学
習目標を達成したプロセスではなくて「その学生の人間性や能力を含めた本質的

な情報を得られること」となるでしょう。

　では，eポートフォリオではそのような情報は得られるのでしょうか？　蓄積された記録から，学習目標を達成できたかどうか，どのように達成したかのほかに，それらの記述ぶりや記述量などから様々な情報が得られそうです。そこからは「この学生は真面目にタスクをこなしてきたのだろう」とか「デザインセンスがよい」とか「文章がうまいな」とか，いろいろなことがわかります。「学習」を「仕事」の一種と考えると，eポートフォリオシステム上の記録から，その学生の特徴を読み取り，それに基づいて推測することで，その学生がどのように仕事をしていくのかなどもわかるかもしれません。現在，企業は就活学生のSNSをチェックしてその人となりを知ろうとする場合があると聞きます。SNSからは得ることの難しい「仕事に対するパフォーマンス」に関する情報を，eポートフォリオシステムは提供できる可能性を持っています。もしそうだとすると，eポートフォリオシステムの導入目的，現状を改革・改善したいという目的は同じであったとしても，大学側と企業側が期待していることはまったく違うということになります。大学は教育の質保証のためにeポートフォリオシステムを導入し，「企業さんにもぜひご協力を」と持ちかけ，企業側としてはそれに賛同するわけですが，実は大学と企業では求めているものが大きく異なるということは十分にあり得ます。そうは言っても企業側から大学に「学習の質保証なんてどうでもいいから，仕事ができるかどうかがわかるようなeポートフォリオにしてよ」なんて言えるはずもありません。あるいは企業側は「eポートフォリオの作り方を見たら，仕事ができそうかどうかはだいたいわかるから今のままでも問題ないよ」と考えているのかもしれません。

　ここで1つ思い出してもらいたいのが，Helen Barrettによるポートフォリオの役割をワークスペースとショーケースに分ける考え方です。この考え方に従えば，大学と企業がeポートフォリオに求めるものは，それぞれワークスペースとショーケースと考えることができそうです。大学としては学習目標の到達までのプロセスをワークスペース上に記録しておいてほしい。企業としては大学生の間に（大学での授業にかぎらず）学んだことをショーケースでアピールしてほし

ワークスペースからショーケースへの連携　117

い。そしてショーケースの材料はワークスペースの中にある。そういう役割分担をすれば，ワークスペースに記録された大学での学びをベースに，大学生としての学びを加えて再構成したものがショーケースとなり，大学と企業と学生の三方がそれぞれ得をするようなポートフォリオができそうです。このサイクルをうまく回すためには，企業側からのフィードバックが有効でしょう。「こんなショーケースを作った学生を採用したら，こんな風に活躍してくれた。我が社としては思惑どおりだった。今後もこういうショーケースを示す学生を積極的に採用していきたい」などの情報があれば，学生もそのようなショーケースを示すべく，学内外での学びを頑張り，その情報を蓄積していくというような流れができていくことが期待できます。

　本書の基盤的思想に「ポートフォリオは学習者のもの」という考え方があります。ポートフォリオは大学や企業のものではありませんが，学習者がより良くなっていくために，大学や企業のニーズをうまく取り入れて設計するということは有意義と思われます。先に「期待できます」という表現を用いましたが，現時点では，このような連携は難しいのかもしれません。評価の視点は大学と企業とでは異なり，また企業によっても異なるでしょう。そのような多様な観点に対して，学生に個別の観点に対応したショーケースを作成せよというのはなかなか難しそうです。そうは言っても汎用的なショーケースを作ってもその学生らしさは伝わりません。

　より現実的な方法を挙げるならば，大学と企業の連携をことさらに意識せず，大学生時代の学びをよく反映したショーケースを提示し，見る側がそこから読み取ることを期待するのがよさそうです。ここで大切なのは「良いショーケース」を提示することです。良いショーケースとは，そこに示されている「私はこのようなことができますよ」という主張が妥当であるものと言ってよいでしょう。では，それが妥当であるとどうやってアピールするのか。いま，考えうる方法としては，コンピテンシールーブリックを用いた自己あるいは他者からの評価を掲載することでしょう。その場合，ルーブリックを用いて評価されるエビデンスの質が保証されていること，また，その評価プロセスの質が保証されていることが重

要となってきます。

　エビデンスの質を保証するのは大学の仕事です。大学がコンピテンシーを修得しうる学習活動を提供し，コンピテンシーを修得できた場合にのみ合格とすることが必要です。それを前提としたうえで，ポートフォリオを用いた評価プロセスには３通りの方法が考えられそうです。

　１つめはポートフォリオは学生のものと考えて，その評価も学生に任せる方法です。その際，ルーブリックを使って評価するのがよさそうですが，どうやって評価するかは学生の裁量に任せることになります。この場合，評価プロセスの質を保証するのは難しいでしょう。２つめはポートフォリオは学生のものとしたうえで，大学がeポートフォリオでの学びに「お墨付き」を与える方法です。ここでのお墨付きとは，ルーブリックを用いてワークスペースに掲載されたエビデンスの評価を大学が行うということです。この場合，学生は，大学によって評価されたエビデンスを用いてショーケースを作ることになります。３つめは，ショーケースに学生が目標としてきたコンピテンシーリストとルーブリックを掲載し，学生や大学が評価した（あるいはしていない）エビデンスを，各企業が自身の観点に基づいて評価する方法です。この方法は学生や大学による評価があろうがなかろうが，その評価の有無やプロセスを含めて，企業側が見たいところを見る，ということになります。この方法は，もっとも「ガチンコ」な方法と言えるでしょう。「大学がエビデンスを評価してくれるから，それを使ってショーケースを作る」学生もいれば，「大学は評価してくれない。だったら自分で説得力のある評価を示せるように頑張る」という学生もいるでしょう。なかには「大学の評価なんか当てにならないからあえて載せない。自分で自分の修得したコンピテンシーを説得的にアピールする」という学生もいるかもしれません。いずれにせよ，ショーケースを作るうえで用いた評価方法（コンピテンシーとルーブリック）を作る側と見る側が共有すれば，学生が見せたいものと，企業側が見たいものを同じ評価軸で確認できることになります。

　学生にとって幸せな連携を大学と企業ができるならばよいですが，いまはまだそれは「夢想」であり，現実的には困難でしょう。ならば，大学は学生のワーク

スペースのエビデンスを評価して「大学としてのお墨付き」を出すことに専念する。学生は大学のお墨付きがついたエビデンスを，自分の意志で使うかどうかを選択しながら，ショーケースを作成する。企業はショーケースに掲載されたエビデンスを自らの観点でチェックする。学生・大学・企業の間にはコンピテンシーとルーブリックという共通する評価軸がある。そのような状態が現実的なｅポートフォリオ実践のあり方なのかもしれません。

第8章

eポートフォリオの将来展望
——フラット化する世界への処方箋

　戦後の日本では，早く正確に正解にたどり着ける人材が大量に必要とされ，実際その方策によって奇跡的な復興を遂げてきた。しかし，時代は変わり，価値観もキャリアパスも多様化している現在は，まさに正解のない時代と言え，求められる人材像は明らかに変わってきている。このような状況の中でeポートフォリオへの期待は高まっている。この章では，eポートフォリオに関する将来展望を様々な角度から考えてみる。

8.1　大学入試と大学教育の変化

　ハーバード大学には日本のような"入学試験"がない。入学資格を確認するにあたり，願書に100項目以上の情報を書かせている。項目には「信仰する宗教」や「父母の学歴や学位」などもある。それらは大学入学許可の判断の材料に使われる[1]。これはテストでの成績だけでなく，その人物の多面的な情報を用いて判断することを意味している。日本の大学でも大学入試の形式が見直され始めている。知識量を問うことが多かったテストを見直し，より幅広く人物の能力を見るものへとまさに変わろうとしている。その1つが大学入試センター試験に代わって2020年から実施される「大学入学共通テスト」である。文部科学省はその背景として「『学力の3要素』（1．知識・技能，2．思考力・判断力・表現力，3．主体性を持って多様な人々と協働して学ぶ態度）を育成・評価することが重要であり，「高等学校教育」と，「大学教育」，そして両者を接続する「大学入学者選抜」を一体的に改革し，それぞれの在り方を転換していく必要があります」[2]

8.1　大学入試と大学教育の変化　　**121**

としている。また，東京大学の相原博昭理事・副学長（当時）は「育てたい学生像を明確に打ち出し，かつ，より多様性な学生構成を実現するためには，入学者の選抜方法・尺度そのものの多様化が必要」（日経新聞，2014年9月1日）として，2016年度に定員100人の枠で推薦入試を実施した。京都大学では，特色入試として，高等学校での学修における行動と成果による判定と，個々の学部におけるカリキュラムや教育コースへの適合力の判定に基づいた選抜を行っている。京都大学の北野正雄教育担当理事・副学長によると「（引用者注：受験生と大学との）ベストなマッチングを叶えるために，特色入試では基礎学力以外に，「学びの報告書」や「学びの設計書」を提出してもらっています。受験生がどのような学びの足跡を辿ってきたのか，どれくらい学びの意欲があるのか…など，学力試験だけでは測れない能力をこの特色入試では評価します」と述べている[3]。

　センター試験に代わる大学入学共通テストの実施や，日本を代表する両大学の入試の変化は他の大学にも影響するであろう。今後，各大学がそれぞれの特色入試を打ち出してくることが予想される。大学入試は大学教育の入口であるため，入試が変われば教育も変わるはずである。現時点においても大学教育の改善を目指してFDが義務化されたこともあってか，良い取り組みの普及が加速しているようである。例えば，アクティブラーニング，反転授業，PBL，ルーブリック評価などはあっという間に普及したように感じられる。その背景には，大学教育において人間力（内閣府），社会人基礎力（経済産業省），就職基礎能力（厚生労働省）で示されるジェネリックスキルや，国際的に活躍するための各種スキルの育成が期待されるようになったことがあるだろう。これらのスキルは，短い試験時間の中において，統一された条件下でチェックすることが難しく，従来の評価方法では対応できない。スキルの評価のためには，課題遂行のプロセスや活動の内容を吟味することで，確かにその学生はスキルを身につけていると判断することが必要である。そのためには大学入試に至るまでの学びの記録をeポートフォリオで示し，大学はそれを用いて合格判定をすることが有効であろう。例えば，上述した京都大学の特色入試での「学びの報告書」「学びの設計書」として，まさにeポートフォリオをそのまま用いることができそうである。

8.2 高校教育の視点から

　大学教育の入口が大学入試である以上，大学入試以前の教育を担う高校教育にも影響は及ぶであろう。大学入試が変わることで期待される高校教育での変化は，いわゆる大学受験対策が，知識偏重型テストへの対策から人間の多様な能力を評価するテストへの対策と変わることである。従来の受験対策は「正解を求める」大学生ならびに社会人を量産することにつながっていたと思われるが，大学入試で多様な能力が評価されるようになれば，"受験対策として"高校教育から「多様な能力の育成」がされるようになることが期待される。そのような受験を乗り越えてきた大学生は，知識偏重型の受験を乗り越えてきた大学生に比べて，より多様な能力を持ち，正解のない問題に取り組むスキルを持つことであろう。それでは，大学入試や大学での教育の変化に対応するにあたって，高校教育は何を目指すべきであろうか。AIE国際高等学校で国際バカロレアディプロマプログラム・コーディネーターを務めるA氏に現状を聞いてみよう。

───大学では上述したような変革が起こりつつありますが，高校教育への影響はいかがでしょうか。

A氏　もちろん，影響は受けています。旧来のように固定化された人材像に向かっていわゆる高品質な教育を最適に行うだけでは，複雑化した世界において，自らの核を有し，問題解決に向けてリーダーシップを発揮する人材を育成することは容易ではありません。そもそも，何をもって人材といえるか，という定義そのものが大きく変わりつつあります。これまで求められてきたのは，与えられた課題の中でスピーディーかつ正確な解答を導き出すことでしたが，現在必要とされているのは，分野を問わず，広く社会に目を向け，課題を発見，共有し，協力して課題を解決していくことができる人材です。

───その観点は大学における教育と高校教育で大きな差はないということですね。では，そのような人材を育成するために高校教育で行われていることはどういうことでしょうか。

A氏 本 AIE 国際高等学校は，通信制の高等学校として多様な教育的ニーズを持つ若者を受け入れてきましたが，2017 年 10 月，国際バカロレア（IB）の認定を受け，より多くの若者に世界水準の教育環境を提供していきます。IB では，人が持つ違いを違いとして理解し，教師ではなく学習者（生徒）を中心とする，より多様な学習者に対応する指導と学習の方法の確立が必須になります。また，IB の指導において，教師は生徒に安易に答えを与えてはいけません。学びの結果として得られた知識よりも，その知識を得るプロセスについて振り返り，真理に迫る努力を続けるという意味において，学習は生涯続くものであるというマインドを構築していきます。

───「正解がある教育」とは大きく異なる教育ですね。その場合，どのように評価をするのかが気になります。「正解がある教育」では正誤判定が容易ですが，そうはいきませんよね。

A氏 IB における評価は，形成的評価（Formative Assessment）と総括的評価（Summative Assessment）で構成されています。形成的評価は，学習のプロセスにおいて不断に行い続ける大小様々な評価です。この形成的評価を基にして，生徒は最終的に行われる総括的評価に対する自分の現状を理解し，教師は自らの指導を振り返り，改善し続けます。この学習のプロセスが，生徒の自己管理能力を育て，自立した学習者に育てます。さらに，最終評価である総括的評価も，IB においては筆記試験や論述試験，プロジェクトの提出やプレゼンテーションなど，非常に多様です。この総括的評価が常に一定の基準を保っているため，IB ディプロマを取得した生徒は，世界中の大学で高い評価を受けています。

───振り返り，学習のプロセス，そしてプレゼンテーションとなると，e ポートフォリオが活躍できそうですが？

A氏 学習における評価は決定的に重要であり，この点において，e ポートフォリオはますます主要な役割を担っていくことが期待されます。これは，前述の形成的評価において，各生徒の学習状況をエビデンス（根拠）として記録し，また教科横断的に共有することで，1 人 1 人の生徒に対して統合的にアプローチする媒体としての役割が 1 つ。さらに，生徒が学びを進めてきたプロセスや成果物を

記録に残すことによって，それ自体が総括的評価の役割を果たし，高校卒業後の大学進学における審査に活用できることが2つめです。学習を点ではなく，線や面でとらえて評価することによって，生徒と教師が学習のプロセスを重視し，深く思考して探求を続けることへの動機づけになるという効果も期待できます。

───素晴らしいですね。しかし，高校教育でeポートフォリオを活用して学んだとしても，その生徒を大学が受け入れる土壌がまだまだ育っていないように思います。せっかく素晴らしい高校教育を受けても，大学でその学びを継続できないならば，とても残念ですね。

A氏　大学カリキュラムの改革ももちろんですが，その最初の一手としてeポートフォリオのプラットフォームがより標準化され，国内外を問わず，大学入学選考において中心的な役割を担うようになることで，真の大学入試改革につながることを切望します。結果として，高校教育における学習のプロセス，さらには学習を通じての生徒の人格的成長をより重視する風土が醸成されることは，21世紀に求められる人材育成に大きく寄与するはずです。

───ありがとうございました。

　国際バカロレアは，これからの高校教育の可能性の1つを示している。しかし，高校教育でグローバルに活躍できる人材を育成できたとしても，従来型の知識偏重型入試が行われるならば，その人たちが入学できない可能性もある。その場合，優秀な人材こそ国外の大学に進学してしまうであろう。優秀な人材が日本の大学で学べる環境を整えるためには，高大連携が必須である。大学の入試改革が始まっていることは前述したとおりだが，大学が一方的に改革して高校教育が追随するのでは，「受験対策」の域を出ない。例えば，A氏が指摘するように，大学側がeポートフォリオのプラットフォームを提供し，高校教育ではそれに即して学びの成果を記録していくようにすることが期待される。現状の高校教育と高等教育とを乗り物に例えると，目的地に到着するまでに電車とバスを乗り継いでいくようなイメージがある。eポートフォリオという「直行便」によって乗り換えなしで目的地を目指せるようにし，学習者がこれまでの成果を活かしつつ学びを続け

られるようになることが，高大連携の１つのあり方になることが期待される。

8.3 知識偏重からの脱皮

　文部科学省のウェブサイト[4]によると，「国際バカロレアのディプロマ・プログラム（Diploma Programme；DP）は16歳〜19歳までを対象としており，所定のカリキュラムを２年間履修し，最終試験を経て所定の成績を収めると，国際的に認められる大学入学資格（国際バカロレア資格）が取得可能」とある。DPのカリキュラムは，６つのグループ（言語と文学（母国語），言語習得（外国語），個人と社会，理科，数学，芸術）および「コア」と呼ばれる３つの必修要件（課題論文（EE；Extended Essay），知の理論（TOK；Theory of Knowledge），創造性・活動・奉仕（CAS；Creativity/Action/Service））から構成されている。コアの１つであるTOKは「「知識の本質」について考え，「知識に関する主張」を分析し，知識の構築に関する問いを探求する。批判的思考を培い，生徒が自分なりのものの見方や，他人との違いを自覚できるよう促す。最低100時間の学習」とのことである。TOKの教科書[5]では，知識の種類として実践的知識と知覚知と事実的知識を挙げている。実践的知識は「泳ぎ方，バイオリンの弾き方，標準中国語の読み方のように，物事の実践方法について私たちが持っている知識の一種」，知覚知は「自分自身のことや，会ったことのある人，行ったことのある場所，口にしたことのある味，論理付けによって得た知識などの，直接体験を通じて得られる個人的な知識」，事実的知識は「実際に起こった出来事や，真実であると証明された物事についての知識」とされている。これらは心理学における手続き記憶，エピソード記憶，意味記憶とされる「記憶」に対応しているように思われる。さらに８つの知識の領域（数学，科学，ヒューマンサイエンス，歴史，芸術，倫理，宗教的知識の体系，土着の知識の体系）と，８つの知るための方法（感情，理性，記憶，信仰，言語，想像，直観，知覚）について学び，TOKエッセイと呼ばれる「可能性のある複数のものの見方を幅広く検討する」課題（1,600語まで，日本語の場合は3,200字までのエッセイ）が課せられる。ここで期待されている

のは，例えば「歴史と科学において理論が信頼できる知識を導くかどうかを，どうすれば知ることができるのか？」といった知識に関する問いに焦点を合わせたものである。以上は国際バカロレアのプログラムのごく一部であるが，これだけでも日本の高校教育とは大きく異なることがわかる。このプログラムを修了した者が「国際的に認められる大学入学資格」を得ることになるので，日本の大学入学資格（入学試験で問われる能力）とはずいぶん異なる。これが示すことは，国際的に認められた大学と日本の大学とは大学での学びのスタート地点が異なることであり，当然ながら大学での学びの内容も異なるはずである。今後，日本の大学が国際的に通用する人材育成をするならば，国際バカロレアプログラムを修了した人材がさらに学べるようなカリキュラムとすることが目指すべき方向の1つとなるであろう。国際バカロレアプログラムの延長のような教育を大学が行うようになると，学生が何を学んだのか，その根拠は何であるかを評価し，学生が学習目標を達成したことを確認し，達成していないときは学生に達成に向けたアドバイスをするための評価方法が必要になってくる。そうなると従来の「成績をつける」ことを主目的とした評価方法では対応できない。やはりeポートフォリオの導入が必須になるであろう。

　本書はeポートフォリオをどう使うか，どう設計するかに焦点を合わせているが，もし大学が知識量を競わせるような入試や知識を伝えるだけの授業を続けるのであれば，eポートフォリオは不要とも言える。知識を憶えるだけであれば，憶えれば学習は終わり，「付け焼き刃の知識」でもテストで合格してしまうからである。一方，国際的に通用する人材育成を目指すのであれば，学生には付け焼き刃の知識だけでは間に合わない。今後直面する多様な未知の場面で適切な判断や行動ができるようになるためには，多様な事柄に対して深い考察や洞察ができることが必要である。そのためのトレーニングとして，学問領域固有の特性や学問領域を超えた特性を検討するプロセスは有効であるが，自らの目標にとってそれらがどのように役立つのか，どう位置づけられるのかを深く考察するためにはeポートフォリオの活用が必須となるであろう。また，学生がそのような能力を修得したかどうかを確認するためにも，その修得プロセスのエビデンスを評価す

る必要があり，eポートフォリオが役立つであろう。

8.4　信用には金銭的価値がある

　最近，お笑いコンビであるキングコングの西野氏の『革命のファンファーレ』[6]という本を読んだ。この中で「「お金」とは信用を数値化したものだ。例えば，魚を100匹売りさばいた時に「このひとは魚を100匹売りさばいた信用のおける人ですよー」という「信用証明書」が貰える。その後，自転車が欲しければ，自分が持っている信用証明書と自転車を交換してもらう。言うまでもないが，この信用証明書の名前が「お金」だ」と述べている。たしかに1万円札は日本という国の下，今日の1万円は明日も同じ価値であろうという"信用"に基づいてみんながやり取りをしている。この「信用証明書」という観点から，信頼性の高いeポートフォリオは，すなわちそのままお金としての価値も持つかもしれない。

　最近注目されているスタートアップに，メタップスやVALUなどがあり，いずれのサービスにも共通するのは，個の価値，すなわち，自分自身の価値はどれほどなのか？に着目しているという点である。自分の価値を評価する際に重要なのは，自分が何者で，どんな価値を提供できるのか，それが信頼に値するのかどうかであり，この証明として長年に渡り蓄積されたeポートフォリオは非常に有用である。さらに各エビデンスが信頼できる他者によって評価されていることで，eポートフォリオの価値（信頼性＝お金としての価値）はより高まる。大学において，学生のeポートフォリオ活用を推進する際，学生になぜeポートフォリオを使わせるのか，動機づけをどうしらよいのか？という悩みが多いように感じる。大学が補助金を当てて，eポートフォリオシステムを導入してしまったから，無理やり入力させるというのでは，学生にとってeポートフォリオは迷惑なツールでしかない。そのようなとき，前述のスタートアップの取り組みを紹介し，eポートフォリオに蓄積された個々のスキルは社会的に価値あるものであって，それ自体がお金に直結するということを示せば，学生は貯金する感覚でeポートフォリオを蓄積してくれるようになるのではないだろうか。大学という閉じた世界の中

でeポートフォリオの価値を論ずるよりも，対社会という開かれた切り口で，学生にeポートフォリオの有用性を伝えることが効果的な動機づけにつながるのではないか。

8.5　組織の評価から個の評価へ

「大企業に勤めているから偉い，信頼できる人間である」という考えが存在した時代があったことは否定できないであろう。しかし，大企業の社員であることは入社面接で合格したことを保証するだけである。その背景にある「有名大学出身」も大学入試で合格したことを保証するだけである。幸か不幸か，現在はそのような所属組織に基づく評価が怪しいことが認知されてきている。有名大学出身者や大企業の社員であることが直接的に信頼につながらないことは，昨今の有名大学出身者の不正行為や，名だたる企業の不祥事を思い出せば言を俟たないであろう。これからは自分の価値を自分で説得力をもって示していくことが重要になることは明らかである。その際に，自分は有名大学出身だとか有名企業に勤めているといくら叫んだところで，それを重視してくれるのは「それなり」の相手でしかない。真っ当な相手ならば「で，あなたは何ができるんですか？　何をしてきたんですか？」と問うはずである。そのとき，自分は何ができるのか，何をしてきたのかを示すためのツールは，もう言うのも恥ずかしくなってきたが，eポートフォリオしかない。こうして考えていくと，eポートフォリオこそ，これからの世の中を渡り歩くための最強のツールと言えるのではないだろうか。

折しも，この原稿を執筆中の 2017 年 12 月 19 日，厚生労働省の有識者検討会において会社員の副業や兼業を推進するためのガイドライン（指針）がまとめられた。経団連からは一部に否定的なコメントも出されているようではあるが，今後は副業や兼業が推進され，1 人が複数の名刺を持つような動きが加速していくことは間違いない。このような流れは，ますます「個人が何をできるのか？」を問われる時代になることを意味する。「○○会社の部長」が必要なのではなく，「△△ができる人」が必要となり，有益なスキルを持つ人は各方面から引っ張りだこ

になるはずである。逆に言えば，そのような人になるには，有益なスキルを多く有していることが必要であり，これを対外的に示す方法としてもeポートフォリオは有効なツールとなるであろう。

このように，世の中の趨勢を見渡してみると，eポートフォリオというツールが（呼び名はどうであれ）個人のスキルや信頼を示すツールとして今後益々重要になっていくことは間違いないと確信している。

8.6 すべての人や物が質保証を必要とする時代へ

また，最近は生産者と消費者を直につなぐスタートアップが台頭している。農家が畑で採れた野菜を，畜産農家が肉を，漁師が水揚げされた魚を，消費者に直送するといった具合だ。この大きな商流の変化は，見方を変えれば「仲卸業者のスキップ」である。従来，仲卸業者は，いい品を見分ける目利き力と，長年の付き合いを通して培われた信頼によって重要な役割を果たしてきたが，仲卸業者がスキップされるようになると，その役割は生産者自身が担うことになる。自分が丹精込めて作った野菜，愛情込めて育てた豚や牛がいかに美味しいのか，どれだけ安全なのかを消費者に直接アピールし信頼を得る必要が出てくる。それには生産者の想いとトレーサビリティが必要になるであろう。これも商品に対する質保証であり，表現こそ違うが，ポートフォリオの1つではないだろうか。大根や牛がeポートフォリオ（相当のもの）を持っていてもおかしくはないはずだ。

これによる生産者のメリットは計り知れない。例えば，野菜であれば従来は農協が規格を満たすものを一括で買い上げ，消費者に届く時点ではJA ◯◯の大根，というブランディングで均一化されるため，農協の買い上げの基準をクリアすれば，それ以上の努力（例えば農薬を減らすなど）は消費者に届くことはなかった。当然，生産者は必要以上の努力とコストは払わなくなる。しかし，仲卸を飛ばし，生産者の声が消費者に直接届くことで，より美味しい野菜はより高い値がつき，努力する生産者は売り上げを伸ばすことができる。

考えてみると，これは大学という大きなブランド製造機関と学生個人の関係に

似ているような気がする。「△△大学」というブランディングは大変有益ではあるが，時として学生個人の評価を下げる方向に働く場合もあるだろう。例えば，ある企業が，過去に採用実績のない大学からは採用しない，などである。そんなときにこそ，eポートフォリオが大学名に代わるより確かな個々のブランディングツールとして活用されることを期待している。企業からみると，過去に実績のない大学からの採用が可能となり，昨今のような売り手市場の時代に大変有効な宝（人材）探しツールになるのではないだろうか。

今後，eポーフォリオの利用が当然の世の中となり，ことさらにeポートフォリオという単語を使うまでもなく個々が自分の肩書きではなく能力を示すことができるようになり，いずれこの言葉自体がなくなることが我々の望みであり，そうなることを信じている。その普及の起点が大学教育であることを祈って，筆を擱きたいと思う。

むすびに かえて　教科書から実践への祈りを込めて

　本書は 2012 年 3 月に出版された『大学力を高める e ポートフォリオ——エビデンスに基づく教育の質保証をめざして』の続編となります。

　先の書は専門書でありながら，お陰様で第 3 刷まで重版を重ねることとなり，反響の大きさに著者一同驚いております。

　当時を思い返してみますと，「e ポートフォリオ」という（今から振り返ると得体の知れない）「もの」が熱狂的に支持されており，このまま e ポートフォリオが LMS 同様大学教育に広く普及し，教育を良くしてくれるのだろうという楽観論があったように思います。

　しかし，この熱狂が仇となり，e ポートフォリオは魔法のツールのように勘違いされ，e ポートフォリオさえ導入すれば学びが可視化できる，IR にも役立つ，大学教育は良くなるという誤解を与えてしまったように思います。

　そして，実際に導入した大学では e ポートフォリオが思ったような成果を上げていない実情から，この過剰なる期待がやがて失望へと変わり，いまでは「e ポートフォリオって使えない」という e ポートフォリオはもう終わったという論調さえ聞こえてきます。

　しかし，はたしてこれは (e) ポートフォリオ自体に問題があったのでしょうか？

　少なくとも我々はそう考えていません。本書に述べられているような導入側の不作為によるものや，そもそも e ポートフォリオ自体が正しく理解されていなかったという場合がほとんどではないかと思います。

　本書の著者一同，問題は導入側にあると考えており，浅学非才の身ではありますが，多くの e ポートフォリオ導入事例がなぜ失敗に終わったのかを分析し，今後 e ポートフォリオを導入・運用される機関の一助となることを目的として執筆

しました。

　失敗という言葉は日本では否定的にとらえられることが多いように思いますが，『失敗学のすすめ』『世界のエリートの「失敗力」』など，失敗から学ぶことの重要性を説く本は数多くあり，かのトーマス・エジソンは「私は失敗などしていないよ。1万通りのダメな方法を見つけただけだ」との名言を残しています。

　読者の皆様には本書に紹介されている失敗をご参考にしていただき，自組織でのeポートフォリオ導入時には同じ轍を踏まぬよう気をつけていただき，運用の壁にぶつかった際の対策についても本書を役立てていただければ望外の幸せです。

　ただ，教育は惰性の強い制度であり，一朝一夕に変えられるものではないことは皆様ご存知のとおりです。今後は，本書の出版のみにとどまらず，eポートフォリオ座談会を不定期に開催し，さらなる失敗談その対策の共有を進めていく予定です。ご興味のある方はぜひその座談会にもご参加いただければと思っています。今後の活動については，eポートフォリオ・コンサルティングチームのサイトを参照ください（http://consulting.eportfolio.jp/）。

　本書の出版のお話を最初に東京電機大学出版局の坂元氏にご相談させていただいたのは，2014年11月ごろだったかと記憶しております。本書の主旨に対して快諾はいただけたものの，失敗談という負のイメージが伴う内容をいかに表現するのかに大変苦慮しました。また，座談会というクローズな場において発言くださった先生方も，それぞれ大学でのお立場もあり，なかなか実名での公表は難しいという問題もあり，当初の構想から1年半が経ってしまいました。その間，坂元氏には大変根気強くお付き合いいただきましたことに，この場を借りて感謝の意を表します。また，最後になりましたが，座談会に参加いただき執筆に関する多くのヒントを与えてくださった皆様，企業インタビューにご協力いただいた3名の方々とインタビュアーの小柳津氏，高校教育の視点からのインタビューにご協力いただいたAIE国際高等学校のA氏にも心より感謝申し上げます。

　2017年11月

株式会社エミットジャパン

代表取締役CEO　小村　道昭

注

はじめに
1）（社）e ポートフォリオ・コンサルティング，http://consulting.eportfolio.jp/

第 1 章
1）ラーニングポートフォリオ，学習カルテ，生活ポートフォリオ等々，組織と目的により様々に名づけられているが，本章では，これら電子的なポートフォリオ関連システムを e ポートフォリオシステムと呼ぶことにする。

2）やはりこれらの活動も教育施策を受けたものである。平成 17，20 年度の中教審答申[2]を受け，高等教育機関では，ディプロマ／カリキュラム／アドミッションポリシーを制定し，学士課程において提供する教育内容の質保証と明確化，卒業時の出口（輩出人材）管理の強化を求められ，それに呼応した結果がこれらの実行となり現れている。

3）予算措置を受けた後の導入システムに関心がなく，補助金などの獲得自体が目的の場合，この時点で目的を達成しているので，申請書類に記載したとおり e ポートフォリオと冠したシステムを購入することは正しい。

4）単なる，タスクフォースではなく，アクションラーニング[4]におけるグループととらえ活動すれば，教育システムの導入は教育改善，FD 活動の促進の一部となり，より効果的である。

5）競争的資金，補助金の場合，予算獲得の内示後，予算執行期限まで，3 〜 4 か月程度の期間しかないことは多々ある。

6）システム導入時の担当者がおかれる状況は 2 通りありそうである。一方は，申請書の策定に携わっていないので，何のためにどういったシステムを導入すればよいのかわからないケース。他方は時間的制約，事務的な手間のために，目的達成・実施のために本来導入したいシステムを導入できないケース。どちらの場合も利用目的，

運用方針の決定をシステム導入後へ先延ばしし，結果，放置されることになる。

7) 実際，申請書類に記述してあり年度内に予算の執行が求められたのでシステムを導入（購入）したが，導入システムには自組織が必要とする機能がなかった（求めるものではなかった）ため困っているとのアンケート回答も多かった。導入されたが使われない e ポートフォリオシステムの増加は，LMS などの導入時よりも深刻な状況にあるかもしれない。

8) 予算獲得の内示からシステム導入までの期間が短いため，導入されたシステムを使うための検討，目標達成のための教育実施，事業実践の再設計に割く時間を取れないのが現状である。そのため，他組織での導入実績などを事務的に調査し，利用目的と合致しなくても，執行期限内に導入可能であれば，ポートフォリオの名を冠する既成製品を導入している事例も多々見られる。

9) 事業開始から中間評価までの期間が短いため，期間内にプラス評価に値する成果を上げられないことを恐れ，評価において及第点を得るために申請書に記してある「ポートフォリオ」を冠したパッケージ化されたシステムを導入してしまっている（場合によっては，評価のためにその冠に固執した）事例も少なくない。

10) e ポートフォリオ導入のメリットを，学びの振り返り（リフレクション）を促進する，IR（Institutional Research）のために有益な情報を提供するなどの論述で展開されることがあるが，それらは一側面であってすべてではないことを強調したい。

11) この場合も，Why・What・How の手法を用いるのがよい[5]。

12) 多くの組織は施策を受け，それらしい文言で飾られた3つのポリシーを策定しているが，策定後の運用を考え，評価基準や手法と同時にポリシーを策定している組織は少数である。また，往々にして3ポリシーは独立かつ，別々の担当者（場合によっては十分な知識のない担当者）により策定されている。これでは，組織として一貫性を持った教育提供，出口での質保証はできない。

13) 組織の教育目標（到達目標／ビジョン）が不明確，教育戦略・指針の継続性，一貫性に欠如があるなどは，教育関連システム導入以前の問題であり，それらが解消されないかぎり，システム導入・運用は失敗すると予想する。

14) 2000 年代初頭に，国内の約半数の機関が LMS や他の e ラーニングシステムを導入したが，LMS の運用，e ラーニング実践から撤退した組織も多い。その多くが，何を達成できたのか，なぜ運用を断念することにしたのかなどについての検証をほとんど行っておらず，システムに蓄積された組織の教育改善に役立つ学習履歴を含む情報が捨て去られているのが現状と考える。

注　135

第2章

1) フィット＆ギャップ分析という。

2) ユーザが目標を達成するために行う行動と，そこから得られる事象を，時系列に沿って記述したもの。

3) 第3章ではこのフレームワークの1つとして CourseRecipes を述べている。

4) 最も避けなければならないのは，教育効果が期待できない状態で，大規模にシステムを導入することである。補助金などの申請書に書かれた計画ありきで進め，教育効果などは二の次で全学導入する場合などにありがちである。

5) 反対に，LMS での学習活動を e ポートフォリオによる学びのフレームワークに展開しないで，授業に閉じた置き換えだけするのであれば，無理に e ポートフォリオシステムを導入すべきではない。ここでは，科目を横断した学びや授業期間によらない学年を超えた学び，ショーケースポートフォリオなどへの展開を見据えていることを前提としている。

6) 学務情報とは連動しないため，1つのグループを使って，何年にもわたって学年にかかわらず学習活動を実施することだって可能である。

7) LMS に Moodle を利用している場合であれば，一部の学習活動を Mahara に展開したとしても，比較的容易にシングルサインオン（SSO）をはじめとしたシステム間連携が可能である。

8) 知識を抽象化することで他の場面でも使えるものにしていくきわめて重要なスキル。

9) 同様に，例えば，紙で返却しているレポート用紙や学生が個人的に受験している TOEIC のスコアレポートなども e ポートフォリオに活用できる。

第4章

1) UMD 学生チューター育成プログラム（http://d.umn.edu/academic-writing-and-learning-center/tutoring-center/become-tutor）[3]。

2) Conscious competence；有意識の有能（必要な場面で，その能力を発揮できる状態）。Conscious Competence Learning Model における学習の第3段階。"I know what is needed, and I can do it". (1) Unconscious incompetence, (2) Conscious incompetence, (3) Conscious competence, (4) Unconscious compete。

第6章

1) （訳者補足）より複雑で難解な問題に直面したとき，自身の知識（以前の学び）を
どのように転用すればかよいかという応用力を学生に身につけさせることにポート
フォリオは役立つという意味。

2) （訳者補足）ここでいう活動とは，学習活動だけでなく，学生生活におけるすべて
の活動を指している。

3) （訳者補足）第4章に挙げたミネソタ大学ダルース校の取り組みを指している。

コーヒーブレイク 1

1) 第2章「落とし穴2：手段の目的化」「落とし穴3：教育情報システムのカタログ」
で述べた項目にあたる。

2) 第2章「回避策1：eポートフォリオという言葉を使わない」「回避策2：具体的
な学習活動を想定する」で述べた項目にあたる。

3) 第2章「回避策3：無理のないシステム／パッケージ製品を選定する」で述べた項
目にあたる。

コーヒーブレイク 2

1) Apereo Foundation が支援しているオープンソースのeポートフォリオシステムで
あり，初期のころから京都大学が開発に参加している。

2) ニュージーランド企業である Catalyst IT が開発やコミュニティ運営を支援してい
るオープンソースのeポートフォリオシステム。

コーヒーブレイク 3

1) 執筆時のドル円為替レートで計算。

コーヒーブレイク 4

1) だれがいつ「Authentic ＝ 真正な」と訳したのか不明ですが，すべての元凶はこの
訳出にあるというのが筆者の偏見です。できれば，「真正な」という表現を廃止して，
「オーセンティックな」とカタカナ表記に代えることを要望したい。

2) 形成的評価と総括的評価の話と考えてよい。

3) 忘却曲線の話は有名だが，学習後1日経てば，我々は9割のことは忘れている。

4) フォーマル学習とは，公式な学習とも言われ，「組織化され，構造化された環境に

おいて発生し，明らかに（目標設定，時間，リソースの観点から）学習としてデザインされている学習」のことを指し，インフォーマル学習とは，「仕事，家庭生活，余暇に関連した日常活動の結果としての学習」のことを指す[2][3]。

5) 構成主義[4]や Learning by Doing の考え方。

コーヒーブレイク 5

1) 就職採用試験におけるポートフォリオ利用の成功例については，第4章 Paul Treuer 氏の寄稿文で詳しく述べてある。

2) それぞれが何を指しているか，成功のためには何をしなくてはならないかについては，第6章 Janice A. Smith 氏の寄稿文を参照のこと。

3) この状況は国内にかぎったことではなく，海外の実践組織でも多く見られ，第5章の Judit Török 氏の寄稿文でもそれは触れられている。

4) 現状では，ポートフォリオよりもブログか Facebook の公開を求める方が建設的かもしれない。

5) ゆとり教育の総合的な学習において，学びを記録し発達の差異を評価することが実践されてきており，ポートフォリオ評価を当然と考える学生が増加する可能性もある。また，近年「高等学校までの学びをポートフォリオとして提出させ，より多面的な評価により入学試験の合否を確定します」と謳う大学の出現は，ポートフォリオ（ショーケース）の社会的認知を高めると予想する。

参考文献

第 1 章

[1] 小川賀代「日本における e ポートフォリオ活用」，小川賀代・小村道昭編著『大学力を高める e ポートフォリオ——エビデンスに基づく教育の質保証をめざして』pp. 44-50，東京電機大学出版局（2012）.

岩井洋「e ポートフォリオを活用した教育改善の可能性」，同上書，pp. 210-225.

ジャニス A. スミス「ポートフォリオ総論——海外の活用から」，同上書，pp. 2-23.

[2] 中央教育審議会「大学の質保証に係わる新たなシステムの構築について（平成 14 年度答申）」，http://www.mext.go.jp/b_menu/shingi/chukyo/chukyo0/toushin/020801.htm（2002）（2017.11.27 閲覧）.

中央教育審議会「我が国の高等教育の将来像（平成 17 年度答申）」，http://www.mext.go.jp/b_menu/shingi/chukyo/chukyo0/toushin/05013101.htm（2005）（2017.11.27 閲覧）.

中央教育審議会「学士課程教育の構築に向けて（平成 20 年度答申）」，http://www.mext.go.jp/b_menu/shingi/chukyo/chukyo0/toushin/1217067.htm（2008）（2017.11.27 閲覧）.

中央教育審議会「新たな未来を築くための大学教育の質的転換に向けて〜生涯学び続け，主体的に考える力を育成する大学へ〜（平成 24 年度答申）」，http://www.mext.go.jp/b_menu/shingi/chukyo/chukyo0/toushin/1325047.htm（2012）（2017.11.27 閲覧）.

[3] 経済産業省「社会人基礎力」，http://www.meti.go.jp/policy/kisoryoku/（2017.11.27 閲覧）.

Employ Ability，https://www.employ-ability.org.uk/（2017.11.27 閲覧）.

厚生労働省「若年者の就職能力に関する実態調査」，http://www.mhlw.go.jp/houdou/2004/01/dl/h0129-3a.pdf（2017.11.27 閲覧）.

厚生労働省「エンプロイアビリティの判断基準等に関する調査研究報告書」,
http://www.jil.go.jp/jil/kisya/noryoku/20010712_02_no/20010712_02_no_
houkoku1.html（2017.11.27 閲覧）.

[4] マイケル・J・マーコード著, 清宮普美代・堀本麻由子訳『実践 アクションラーニング入門――問題解決と組織学習がリーダーを育てる』ダイヤモンド社（2004）.

[5] サイモン・シネック著, 栗木さつき訳『WHY から始めよ！――インスパイア型リーダーはここが違う』日本経済新聞出版社（2012）.

第 2 章

[1] 郷健太郎・John M. Carroll・今宮淳美「ユーザの視点を取り入れる技術：システム開発におけるシナリオの役割」,『情報処理』41（1）, pp. 82-87（2000）.

[2] Barrett, H., "Balancing the Two Faces of ePortfolios", *Education for a Digital World 2.0 Innovations in Education*, Vol.2, pp. 289-307, http://electronicportfolios.org/balance/balancingarticle2.pdf（2011）（2017.12.28 閲覧）.

[3] 池田輝政・戸田山和久・近田政博・中井俊樹『成長するティップス先生』玉川大学出版部（2001）.

[4] 小川賀代・小村道昭編著『大学力を高める e ポートフォリオ――エビデンスに基づく教育の質保証をめざして』東京電機大出版局（2012）.

第 3 章

[1] Jenson, J. D. and P. Treuer, "Defining the E-Portfolio: What It Is and Why It Matters", *Change: The Magazine of Higher Learning*, 46（2）, pp. 50-57（2014）.

[2] IMS Global Learning Consortium, "IMS ePortfolio Best Practice and Implementation Guide Version 1.0 Final Specification", http://www.imsglobal.org/ep/epv1p0/imsep_bestv1p0.html#1663759（2017.12.11 閲覧）.

[3] Barrett, H., "Balancing the Two Faces of ePortfolios", http://electronicportfolios.org/balance/（2011）（2016.6.6 閲覧）.

[4] 森本康彦「e ポートフォリオシステムの要素」, http://draco.u-gakugei.ac.jp/eportfolio/3_3.html（2014）（2017.3.27 閲覧）.

[5] 鈴木克明「授業デザイナーとしての教師の力量」,『放送利用からの授業デザイナー入門――若い先生へのメッセージ』日本放送教育協会（1995）.

[6] ジャニス A. スミス「ポートフォリオ総論――海外の活用から」, 小川賀代・小村

道昭編著『大学力を高める e ポートフォリオ——エビデンスに基づく教育の質保証をめざして』pp. 2-23, 東京電機大学出版局（2012）.

第４章

[1] "It Takes More than a Major: Employer Priorities for College Learning and Student Success: Overview and Key Findings", Association of American Colleges and Universities, https://www.aacu.org/leap/presidentstrust/compact/2013SurveySummary（2013）（2017.11.27 閲覧）.

[2] Jenson, J. D. and P. Treuer, "Defining the E-Portfolio: What It Is and Why It Matters", *Change: The Magazine of Higher Learning*, 46（2）, pp. 50-57（2014）.

[3] Treuer, P.（ed.）, "Credit-Based Peer Tutoring, A Centralized Peer Tutoring Program", University of Minnesota Duluth（1993）（electronic copy available upon request from Paul Treuer, paul.treuer@gmail.com）.

第５章

[1] Yancey, K. B. and B. Cambridge, *Electronic Portfolios: Emerging Practices in Student, Faculty, and Institutional Learning*, Sterling, Stylus Publishing（2001）.
Cambridge, D., B. Cambridge and K. B. Yancey（eds.）, *Electronic Portfolios 2.0: Emergent Research on Implementation and Impact*, Sterling, Stylus Publishing（2009）.

[2] Beetham, H. and R. Sharpe,（eds.）, *Rethinking Pedagogy for a Digital Age: Designing for 21st Century Learning*, Routledge（2013）.

[3] The New Media Consortium, "NMC Horizon Report, 2015 Higher Education Edition", http://www.nmc.org/publication/nmc-horizon-report-2015-higher-education-edition/（2017.11.22 閲覧）.

[4] Kahu, E., "Framing Student Engagement in Higher Education", *Studies in Higher Education*, 38（5）, pp. 758-773（2013）.

[5] "Action + Reflection = Learning", TAP into Learning. Southern Educ. Dev. Laboratory, Technology Assistance Program, Winter, http://files.eric.ed.gov/fulltext/ED456797.pdf（2000）（2017.12.4 閲覧）.
Rodgers, C. R., "Defining Reflection: Another Look at John Dewey and Reflective Thinking", *Teachers College Record*, 104（4）, pp. 842-66, Education Full Text

(2002).

[6] Weimer, M., "More Evidence that Active Learning Trumps Lecturing", in Faculty Focus, Jun 3, http://www.facultyfocus.com/articles/teaching-professor-blog/more-evidence-that-active-learning-trumps-lecturing/（2015）.

[7] Bass, R., "Disrupting Ourselves: The Problem of Learning in Higher Education", in Educause Review, March, https://er.educause.edu/~/media/files/article-downloads/erm1221.pdf（2012）（2017.12.4 閲覧）.

第8章

[1] 栄陽子『ハーバード大学はどんな学生を望んでいるのか？——日本人が抱く大いなる誤解』ワニブックス PLUS 新書（2014）.

[2] 文部科学省「「大学入学共通テスト」について」http://www.mext.go.jp/a_menu/koutou/koudai/detail/1397733.htm（2017）（2017.11.19 閲覧）.

[3] 京都大学「京大の「実は！」Vol.42「京都大学の特色入試の実は！」」http://www.kyoto-u.ac.jp/ja/mm/jitsuha/160728.html（2017.11.19 閲覧）.

[4] 文部科学省「3.国際バカロレアのプログラム」http://www.mext.go.jp/a_menu/kokusai/ib/1308000.htm（2011）（2017.12.19 閲覧）.

[5] Wendy Heydorn・Susan Jesudason 著，Z 会編集部編集『TOK（知の理論）を解読する——教科を超えた知識の探究』Z 会（2016）.

[6] 西野亮廣『革命のファンファーレ——現代のお金と広告』幻冬舎（2017）.

コーヒーブレイク 1

[1] 宮崎誠「e ポートフォリオを活用したグローバル人材育成システムの構築」，ラーニング・イノベーション・カンファレンス 2013（2013.9）.

[2] 宮崎誠「e ポートフォリオを用いた学習成果の可視化」，第 7 回 Mahara オープンフォーラム（MOF 2016）（2016.9）.

[3] 宮崎誠「OSS による教育学習支援のエコシステムを考える」，大学 ICT 推進協議会（AXIES）2015 年度年次大会（2015.12）.

コーヒーブレイク 2

[1] KARUTA Project, "Open Source ePortfolio", http://karutaproject.org（2017.7.20 閲覧）.

［2］ GitHub, "Rubric plugin for Mahara", https://github.com/eportfolio/rubric-plugin（2017.7.20 閲覧）.

コーヒーブレイク 3

［1］ "11 skills you need to master to land a $100,000 engineering job at Google", http://www.businessinsider.in/11-skills-you-need-to-master-to-land-a-100000-engineering-job-at-Google/articleshow/46374559.cms（2017.8.6 閲覧）.

コーヒーブレイク 4

［1］ Chen, H. L. and T. Penny Light, "Electronic Portfolios and Student Success: Effectiveness, Efficiency, and Learning", Association of American Colleges and Universities（2010）.

［2］ ジャニス A. スミス「ポートフォリオ総論——海外の活用から」, 小川賀代・小村道昭編著『大学力を高める e ポートフォリオ——エビデンスに基づく教育の質保証をめざして』pp. 2-23, 東京電機大学出版局（2012）.

［3］ OECD 編集, 山形大学教育企画室監訳, 松田岳士訳, 『学習成果の認証と評価——働くための知識・スキル・能力の可視化』pp. 40-41, 明石書店（2011）.
産業能率大学総合研究所, http://www.hj.sanno.ac.jp/cp/page/10411（2017.11.27 閲覧）.

［4］ 久保田賢一『構成主義パラダイムと学習環境デザイン』関西大学出版部（2001）.

コーヒーブレイク 5

［1］ Business Balls, "Conscious Competence Learning Model Matrix", http://www.businessballs.com/consciouscompetencelearningmodel.htm（2017.11.27 閲覧）.

［2］ "Peer Review Winter 2014: E-Portfolios: For Reflection, Learning, and Assessment", Association of American Colleges and Universities（2014）.
Catalyst for Learning: ePortfolio Resources & Research, http://c2l.mcnrc.org/（2017.11.27 閲覧）.

索引

英数字

21 世紀型スキル　65

Authentic　74，75

e ポートフォリオ　27，28，44
　——チャート　32
　——ツール／サービス　36
　——プロジェクト　71，79，86
　——リテラシールーブリック　39
　分類　29，31，35
e ポートフォリオシステム　27，93
　——運用方針　3
　——設計　12，14
　——選定　17，24
　——導入／導入目的　2，3，12，16，24，
　　28，34，97

GPA（Grade Point Average）　99

KARUTA　47
KPI（Key Performance Indicator）　72，
　101

LMS（Learning Management System）
　12，18，19，20，103

Mahara　19，25，47
meaning-making　69

OSP（Open Source Portfolio）　47
OSS（Open-Source Software）　16，17，
　19，25

Sakai CLE（Sakai Collaboration and Learning
　Environment）　47
SNS（Social Networking Service）　114，
　117

TOK（Theory of Knowledge）　126

あ

アイデンティティ　82
　デジタル——　66，78
アカデミックリソース　68
アクティブラーニング　66，70，109，122
アセスメント　13
　——ポートフォリオ　15，25，29，35，
　55
アドミッションポリシー　1，7

意味づけ（meaning-making）　69
インフォーマル学習　76

エビデンス　　44，118，119，128
　学習——　　20，80，81，85

オープンソースソフトウェア（OSS）　　16，
　　17，19，25
オープンソースポートフォリオ（OSP）　　47

┃か

開発能力　　17
学習
　——エビデンス　　20，80，81，85
　——活動　　13，14，16，18，19，22，33，
　　37
　——過程　　14
　——コミュニティ　　13，83
　——支援　　105
　——スキル　　39
　——成果（物）　　5，18，19，21，81，97，
　　113
　——到達度　　13，44
　——フレームワーク　　14，18，22
　——プロセス　　82，116
　——目標・目的　　33，44
　——履歴　　5，44
　インフォーマル——　　76
　社会的——　　75
　統合的——　　75
　内省的——　　75
　フォーマル——　　76，93
学生
　——中心の学び　　19
　——チューター　　48，53
　——のモチベーション　　68
学務情報　　19，20

カリキュラム　　95，106，113
　——ポリシー　　1，7

キャリア
　——支援　　105
　——プラン　　69，90，105
教育
　——改善　　100
　——効果　　15，16，17，18
　——戦略／戦術　　6，7，8
　——戦略策定　　94
　——の質保証　　10，106，117
　——プログラム　　95

形成的評価　　15，124

高大連携　　125
国際バカロレア　　124
コンピテンシー　　45，66，71，93
　——リスト　　119
　——ルーブリック　　107

┃さ

サービスラーニング　　69
サポート
　システム的——　　6，8
　人的——　　6，8

ジェネリックスキル　　122
システム開発
　——業務要件　　10
　——要件定義　　10，11，12，13，16，22，
　　24，99
社会的学習（ソーシャルラーニング）　　75

就職
　　——学生　　117
　　——活動　　13，21，22，57，112
　　——面接　　57
授業
　　——改善　　15
　　——設計　　15，16，18，19
ショーケース　　14，18，22，117，118
　　——ポートフォリオ　　15，35
人材育成　　60，63

ステークホルダー　　4，87，92，99

総括的評価　　15，124
ソーシャル
　　——メディア　　54
　　——ラーニング　　66

た

大学入学共通テスト　　121

知識の統合　　21
知の理論（TOK）　　126

ディプロマ
　　——プログラム　　126
　　——ポリシー　　1，7，45，97，107，113

統合的学習　　75
特色入試　　122
トップダウン戦略　　68

な

内省　　74
　　——的学習　　75

は

バズワード　　13
パッケージ製品　　12，16，17，25

ピアラーニング　　19，20
評価
　　——指標　　93
　　形成的——　　15，124
　　総括的——　　15，124

フィードバック　　15，20，77，84，112，114，
　　118
フォーマル学習　　76，93
フォリオシンキング　　67，75
振り返り　　33，110
ブログ　　15，21，22
プロフェッショナルポートフォリオ　　29，
　　35，49

ポートフォリオ　　28
　　——学習サイクル　　76
　　——学習プロセス　　75，78，85
　　——活用教育　　83
　　——カルチャー　　90
　　——コミュニティ　　91
　　——サイクル　　110
　　——実践　　55，77
　　——設計　　38，40
　　——ツール　　92

――ナラティブ　52
――評価　93
アセスメント――　15，25，29，35，55
オープンソース――　47
ショーケース――　14，15，35
プロフェッショナル――　29，35，49
ラーニング――　15，29，35，49，53
ボトムアップ戦略　68

ま

メーガーの３つの質問　40
メタ認知　44，77，79

や

要件定義　10，11，12，13，16，22，24，
99

ら

ラーニング
――ポートフォリオ　15，29，35，49，
53

アクティブ――　66，70，109，122
サービス――　69
ソーシャル――　66
ピア――　19，20

リーダーシップ　87，88
リソース
アカデミック――　68
人的――　4，6，8
予算／金銭的――　6，8
リフレクション　14，15，18，19，22，44，
50，74，79，84，101，110，114
多面的な――　70

ルーブリック　15，44，45，72，74，93，
101，119，122
ｅポートフォリオリテラシー――　39
コンピテンシー――　107

わ

ワークスペース　14，18，117，118

索引　147

執筆者紹介

編著者

松葉龍一（まつば・りゅういち）

熊本大学教授システム学研究センター 准教授

略歴　熊本大学大学院自然科学研究科物質・生命科学専攻退学（2001 年）。博士（理学）。熊本大学総合情報処理センター助手（2001 年），同大学 e ラーニング推進機構准教授（2007 年）を経て，2017 年より現職。

専門　宇宙物理学，情報教育，教育工学，特に，次世代のオンライン学習支援環境の検討と設計やオンライン学習実践に関する研究

読者へのメッセージ　本書では，e ポートフォリオ実践はなぜ失敗する（してきた）のかについて述べています。諸先輩方，我々の失敗経験を活かし，皆様の e ポートフォリオ実践が成功することを願っています。

小村道昭（おむら・みちあき）

株式会社エミットジャパン 代表取締役 CEO

略歴　名古屋大学大学院工学研究科博士課程前期電子情報専攻修了（1998 年）。工学修士。日本電気株式会社入社（1998 年），株式会社エミットジャパン代表取締役 COO（2004 年）を経て，2005 年より現職。

専門　e ラーニング，e ポートフォリオ

読者へのメッセージ　e ポートフォリオの導入事例が増えるにつれ，「導入したがなかなかうまくいかない」という声をよく耳にするようになり，その原因と対策を多くの方に知って頂きたいという想いから企画しました。とても貴重な失敗体験と対策が詰まっていると思いますので，e ポートフォリオの導入・運用でお困りの方々の一助となれば幸いです。赤裸々すぎて一部実名が出せなかった点，ご容赦ください。

著者

久保田真一郎（くぼた・しんいちろう）

熊本大学総合情報統括センター 准教授

略歴　熊本大学大学院自然科学研究科物質・生命科学専攻修了（2006 年）。博士（理学）。鹿児島大学総合情報処理センター職員（2002 年），熊本大学総合情報基盤センター助教（2007 年），宮崎大学工学部准教授（2013 年）を経て，2017 年より現職。

専門　教育工学，特に，教育学習支援システム，センシングデータの分析

読者へのメッセージ　手にとっていただきありがとうございます。学習者がただ授業を受講するだけでなく知識の活用や新たな思考へ挑戦する機会を与える道具について，いっしょに考える機会となれば幸いです。

平岡斉士（ひらおか・なおし）

熊本大学教授システム学研究センター　准教授

略歴　京都大学大学院教育学研究科博士後期課程研究指導認定退学（2007 年）。博士（教育学）。

熊本大学大学院教授システム学専攻博士前期過程修了（2014 年）。修士（教授システム学）。

京都大学学術情報メディアセンター／情報環境機構助教（2007 年），同大学学際融合教育研究推進センター特定准教授（2013 年），熊本大学大学院教授システム学専攻准教授（2014 年）を経て，2017 年より現職。

専門　人の認知過程の特性を活かした学習システムの設計と開発と実践

読者へのメッセージ　この本は，人の学びとその支援方法について一生懸命考えた成果です。その成果をひとことで言い表すならば「e ポートフォリオは学習者のもの」となるでしょう。そして「この本は読者のもの」です。どうかご自身のことに照らし合わせてお読みください。e ポートフォリオもこの本も，人のためになることを願っています。

宮崎誠（みやざき・まこと）

畿央大学教育学習基盤センター　助教

略歴　熊本大学大学院社会文化科学研究科教授システム学専攻博士後期課程単位取得満期退学（2017 年）。修士（工学）。

熊本大学大学院社会文化科学研究科教授システム学専攻特定事業研究員（2008 年），同大学大学教育機能開発総合研究センター特定事業研究員（2010 年），法政大学情報メディア教育研究センター助手（2011 年），2014 年より現職。

専門　教育工学，学習支援システムや e ポートフォリオシステムの開発

読者へのメッセージ　e ポートフォリオの導入は，システムだけでなく学習を設計することが最も重要です。学生が中心となって学ぶアクティブ・ラーニングや社会参加による学びのサービス・ラーニングなど様々な学習形態の中には，e ポートフォリオの活用がふさわしい学習活動があるはずです。本書が少しでもそのヒントとなり，e ポートフォリオ本来の価値を実感できる場面がもっと増えることを願っております。

Janice A. Smith（ジャニス・A・スミス）

マンチェスターカレッジ卒業後，ミネソタ大学英語センター（教育コーディネータ），教育指導長（教育ディレクタ），新設学部設置準備プログラム長等の教職，管理職等を歴任する。2003 年からは，教育システムベンダーである rSmart グループ主席教育コンサルタントに就任。同社退職後の 2008 年からは，Three Canoes コンサルティングを設立し，社長兼教育コンサルタントとして，e ポートフォリオ実践や米国内の高等教育機関における教育改善のためのコンサルティング業務に従事している。これまで，数十の米国大学の e ポートフォリオ構築，より良い実践のためのコンサルティングを行ってきている。また，ポートフォリオを利用した教育の深化を促す活動の一環として，オープンソースポートフォリオコミュニティの会長職を歴任するなど活発に活動している。前著『大学力を高める e ポートフォリオ』の著者の 1 人（第 1 章，第 9 章，第 10 章担当）。Ph. D.。

Paul Treuer（ポール・トゥルーアー）

ミネソタ大学（学士，修士課程），アイダホ大学（博士課程）を卒・修了後，ミネソタ大学ダルース校にて，学生サービスプログラム准教育スペシャリスト，ナレッジマネージメントセンター長，同校教育担当副学長補佐等を歴任する。2015 年に同校を定年退職。欧米ほか世界中の高等教育機関において導入，利用された実績をもつ Open Source Portfolio システム（OSP）の生みの親であり，e ポートフォリオを活用した授業デザイン，特に，学習成果の振り返りと自己調整型学習を促進させるための e ポートフォリオを活用した授業開発に関する研究，学生と教員サポートに対する研究，教育訓練に関する教育実践研究者としても活躍。e ポートフォリオ実践と関連し Digital Myself と銘打った個人と時間を超えた知識共有にも積極的に取り組んでいる。MSc.。

Judit Török（ユディット・トロッコ）

ウェストマー大学卒業（学士）後，時事通信社ニューヨークオフィスに勤務し，日本ニュースの配信関連業務に従事。その期間に修士号（アンティオーク大学），博士号（ニュースクール大学）を取得。専門は日本語並びに日本文化学，異文化間関係学。ラガーディアコミュニティカレッジ着任（2007 年）後は，ティーチング＆ラーニングセンターにおいて学生の専門職能開発プロジェクトのリーダーを務め，MCNR センター（Making Connections National Resource Center）設立後はセンター長を務める。同センターは米国内における e ポートフォリオを活用した教育実践事例，ノウハウの蓄積と共有・共用をミッションとして負い，Catalyst for Learning（http://c2l.mcnrc.org/）による情報提供を行っている。現在は，バークレーカレッジのティーチング＆ラーニングコモンズ長として，e ポートフォリオ実践や教育改善のサポートに従事している。Ph. D.。

学生力を高めるeポートフォリオ　成功への再始動

2018年2月20日　第1版1刷発行　　　　ISBN 978-4-501-63130-7 C3037

編著者　松葉龍一，小村道昭
著　者　久保田真一郎，平岡斉士，宮崎誠，ジャニス・A・スミス，
　　　　ポール・トゥルーアー，ユディット・トロッコ
　　　　©Ryuichi Matsuba, Michiaki Omura, Shin-Ichiro Kubota,
　　　　Naoshi Hiraoka, Makoto Miyazaki, Janice A. Smith, Paul Treuer,
　　　　Judit Török 2018

発行所　学校法人 東京電機大学　〒120-8551　東京都足立区千住旭町5番
　　　　東京電機大学出版局　〒101-0047　東京都千代田区内神田1-14-8
　　　　　　　　　　　　　　Tel. 03-5280-3433(営業) 03-5280-3422(編集)
　　　　　　　　　　　　　　Fax. 03-5280-3563 振替口座00160-5-71715
　　　　　　　　　　　　　　http://www.tdupress.jp/

JCOPY <(社) 出版者著作権管理機構委託出版物>
本書の全部または一部を無断で複写複製（コピーおよび電子化を含む）すること
は，著作権法上での例外を除いて禁じられています。本書からの複製を希望され
る場合は，そのつど事前に，（社）出版者著作権管理機構の許諾を得てください。
また，本書を代行業者等の第三者に依頼してスキャンやデジタル化をすることは
たとえ個人や家庭内での利用であっても，いっさい認められておりません。
［連絡先］Tel. 03-3513-6969, Fax. 03-3513-6979, E-mail：info@jcopy.or.jp

印刷：(株)加藤文明社印刷所　　製本：誠製本(株)
装丁・イラストレーション：福田和雄（FUKUDA DESIGN）
落丁・乱丁本はお取り替えいたします。　　　　　　　Printed in Japan

東京電機大学出版局　出版物ご案内

大学力を高めるeポートフォリオ
エビデンスに基づく教育の質保証をめざして

小川賀代・小村道昭 編著
A5判　276頁

学習の振り返りができ，教育の質保証や見える化という点でも有効な「eポートフォリオ」の，導入の意義，実践事例，システム，将来展望などを詳解。

ウェブポータルを活用した大学改革
経営と情報の連携

リチャード・N・カッツ 編／梶田将司 訳
四六判　274頁

利用者サービス・利用者情報管理の強力なツールである「大学ポータル」の構築を通して，大学の組織改革・教育改善を図る意義とノウハウを紹介。

横幹〈知の統合〉シリーズ
〈知の統合〉は何を解決するのか
モノとコトのダイナミズム

横幹〈知の統合〉シリーズ編集委員会 編
A5判　136頁

〈知の統合〉を通して人間・社会の課題解決への道筋を探るシリーズ第一弾。「モノつくり」からシステム構築に基づいた「コトつくり」へ向かうヒント。

横幹〈知の統合〉シリーズ
価値創出をになう人材の育成
コトつくりとヒトつくり

横幹〈知の統合〉シリーズ編集委員会 編
A5判　120頁

多領域にわたる課題解決や革新的なイノベーション創出に向け，異分野の知と積極的に連携し，俯瞰的な視点からアプローチできる人材の育成法を提言。

オープンエデュケーション
知の開放は大学教育に何をもたらすか

重田勝介 著
A5判　208頁

誰もが無料で学べる「オープンエデュケーション」に，大学はどう取り組むべきか。メディア・技術・教育の歴史をふまえ，高等教育の未来像を提言する。

最適モデルによる
インストラクショナルデザイン
ブレンド型eラーニングの効果的な手法

鄭仁星・久保田賢一・鈴木克明 編著
A5判　168頁

インストラクショナルデザインとは何か，優れたブレンド型eラーニング環境はどう設計すればよいかをわかりやすく解説。教授設計法の決定版。

横幹〈知の統合〉シリーズ
カワイイ文化とテクノロジーの隠れた関係

横幹〈知の統合〉シリーズ編集委員会 編
A5判　128頁

「カワイイ」に代表されるポピュラーな感性的価値に，学問領域の枠を超えて真摯に向き合う。社会のダイナミズムとメカニズムの実態に迫る一冊。

横幹〈知の統合〉シリーズ
〈知の統合〉は何を解決するのか
モノとコトのダイナミズム

横幹〈知の統合〉シリーズ編集委員会 編
A5判　130頁

現象をモデル化・可視化することで，世界のダイナミズムを読み解くツールとして注目を集める「社会シミュレーション」の手法を様々な視点から紹介。

＊定価，図書目録のお問い合わせ・ご要望は出版局までお願いいたします。
URL　http://www.tdupress.jp/

IA-007